Neue Ideen
für Häkelblumen

Eva Hambach

Neue Ideen für Häkelblumen

Blüten, Kränze, Mobiles

Mit Häkelschriften

Ravensburger Ratgeber
im Urania Verlag

Inhalt

Einleitung

Die unerwartet starke Nachfrage nach meinem Buch „Häkelblumen – von Anemone bis Zwergrose“ und die begeisterten Äußerungen vieler Leserinnen motivierten mich, weitere gehäkelte Blüten zu entwerfen und in dem hier vorliegenden Band zu präsentieren.

Im Unterschied zu meinem ersten Buch werden hier nicht nur Häkelblumen, sondern auch Blumenstöcke, Mobiles und Kerzenkränze vorgestellt. Ein besonderes Augenmerk legte ich auf die Darstellung der Entwürfe in Häkelschrift. Anhand dieser Häkelschriften wird es auch Anfängern und weniger Geübten problemlos gelingen, die Muster nachzuarbeiten.

Ich hoffe, dass Ihnen das Häkeln der Blüten viel Spaß bereitet und die Betrachter Ihrer Werke die Freude an diesem wunderbaren Schmuck mit Ihnen teilen werden.

Material und Werkzeug

Häkelgarne
Damit die Häkelblumen so natürlich wie möglich aussehen, verwende ich ausschließlich Baumwollgarne, zum Beispiel die Garne Coats Floretta und Catania von Schachenmayr. Wolle eignet sich meiner Meinung nach nicht besonders gut, da die Blumen etwas von ihrer natürlichen Anmutung verlieren, wenn sie mit Wolle gefertigt werden.

Häkelnadeln
Eine wichtige Voraussetzung für ein Gelingen Ihrer Arbeit ist die Wahl der richtigen Häkelnadel sowie deren richtige Stärke. Ich verwende die Stärke 1 oder 1,5, um eine besondere Festigkeit zu erzielen. Auch bei stärkerem Garn verwende ich nur dünne Nadeln.

Blumenstiele
Um die Häkelblumen zu befestigen, benutze ich die Stiele von Kunststoffblumen, die in fast allen größeren Kaufhäusern mit Bastelabteilungen sowie im Hobby-Fachhandel erhältlich sind. Achten Sie beim Kauf der künstlichen Blumen darauf, dass die Stiele einen festen Halt für Ihre Häkelblüten bieten.
Entfernen Sie einfach die Kunststoffblüten und ersetzen Sie sie durch Ihre gehäkelten. Häufig lässt sich das Innengehäuse der Kunststoffblüte auch für die gehäkelte Blume verwenden. Die Einzelteile können ganz einfach auseinander genommen und wieder zusammengesteckt werden.

Sonstige Hilfsmittel
Töpfe, Kannen, Körbchen, Steckschwämme in verschiedenen Größen, Schleifen, Papier, Drähte und vieles mehr können zur Dekoration verwendet werden. Auf den Abbildungen in diesem Buch finden Sie viele Anregungen für eine ansprechende Dekoration Ihrer Häkelblumen. Bevor Sie Geld für Dekorationsmaterial ausgeben, sollten Sie erst noch einmal nachschauen, was Sie bereits im Hause haben. Die schönsten Kreationen entstehen beim Improvisieren!

Einführung ins Häkeln

Maschenarten

Auf den folgenden Seiten werden alle Maschen, die im Buch vorkommen, erklärt. Jede Maschenart wird durch ein eigenes Symbol gekennzeichnet.

o Luftmasche	Doppelstäbchen	2 feste Maschen in 1 Masche häkeln
Kettmasche	Dreifachstäbchen	2 halbe Stäbchen in 1 Masche häkeln
+ feste Masche	Vierfachstäbchen	2 Stäbchen in 1 Masche häkeln
I halbes Stäbchen	Reliefstäbchen	2 Doppelstäbchen in 1 Masche häkeln
Stäbchen	Doppelreliefstäbchen	2 halbe Stäbchen zusammenhäkeln
	Dreifachreliefstäbchen	

Anfangsmasche und Luftmasche

Halten Sie den Fadenanfang fest, legen Sie den Faden zu einer Schlinge und ziehen Sie den fortlaufenden Faden mit der Häkelnadel durch. Ziehen Sie die Schlinge fest. Anschließend den Arbeitsfaden um die Nadel schlagen und durch die Schlinge ziehen.

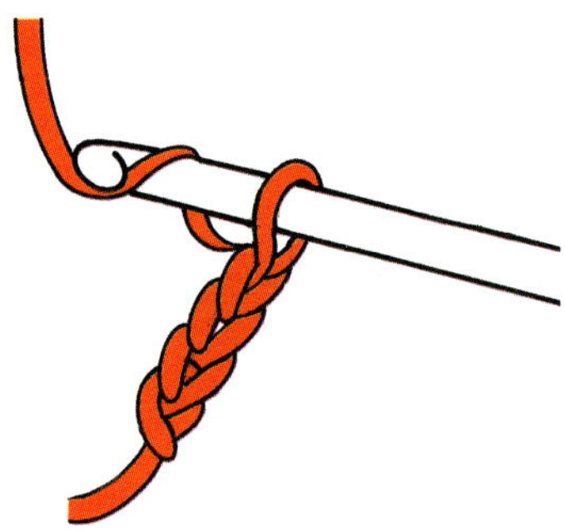

Wendemasche

Als Wendemaschen werden die Luftmaschen bezeichnet, die am Rand, sozusagen als erste Maschen einer neuen Reihe, gehäkelt werden. In diese Maschen wird im Folgenden nicht eingestochen.

Feste Masche

Von vorne in die Masche der Vorreihe einstechen, den Faden umschlagen und durchziehen. Anschließend den Faden erneut um die Nadel schlagen und nun durch beide auf der Nadel befindlichen Maschen ziehen.

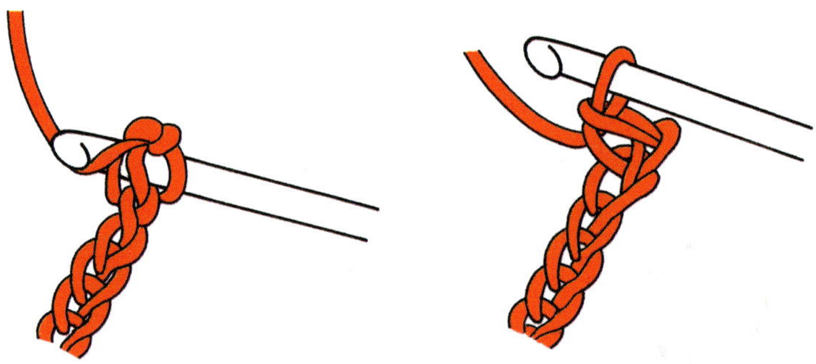

Halbes Stäbchen

In die Masche der Vorreihe einstechen, den Faden umschlagen, durchziehen, nochmals umschlagen und durch die 3 auf der Nadel befindlichen Schlingen ziehen.

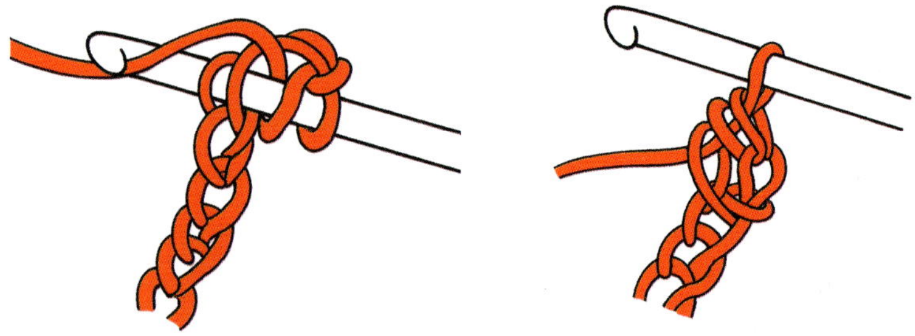

Stäbchen
Den Arbeitsfaden um die Häkelnadel legen. Anschließend mit der Nadel von vorne in die Masche der Vorreihe einstechen, den Faden durchziehen, nochmals um die Nadel legen und die ersten beiden Schlingen abmaschen. Wieder einen Umschlag machen und die letzten beiden Schlingen abmaschen.

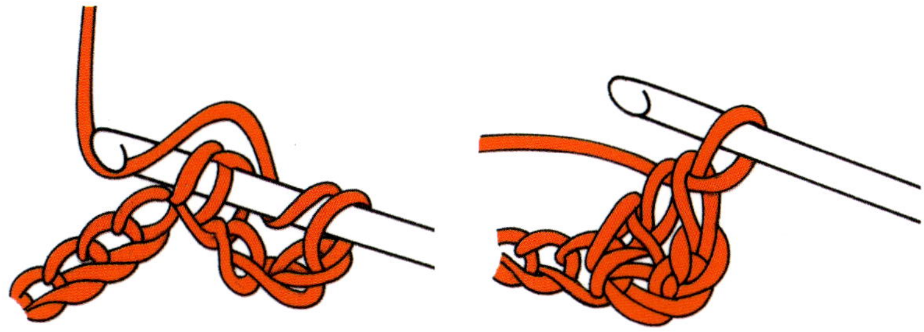

Doppelstäbchen
Der Vorgang ist der gleiche wie bei einem Stäbchen, der Faden wird jedoch 2-mal umgeschlagen, bevor man in die Masche der Vorreihe einsticht. Anschließend den Faden durchziehen und 3-mal je 2 Schlingen zusammen abmaschen.

Dreifachstäbchen
Gleicher Vorgang wie beim Stäbchen, der Faden wird jedoch 3-mal um die Nadel geschlagen. Anschließend in die Vorreihe einstechen, den Faden durchziehen und 4-mal je 2 Schlingen zusammen abmaschen.

Vierfachstäbchen
Gleicher Vorgang wie beim Stäbchen, der Faden wird jedoch 4-mal um die Nadel geschlagen. Anschließend in die Vorreihe einstechen, den Faden durchziehen und 5-mal je 2 Schlingen zusammen abmaschen.

Reliefstäbchen
Beim Reliefstäbchen wird im Unterschied zu den anderen Maschen nicht in die Maschen der Vorreihe eingestochen. Stattdessen führt man die Nadel mit umgeschlagenem Faden um die senkrechten Glieder der Vorreihe. Anschließend wie beim Stäbchen abmaschen.

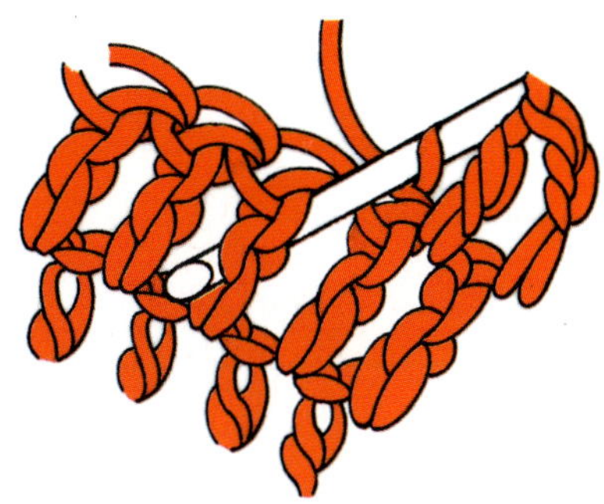

Doppel- oder Dreifachreliefstäbchen
Gleicher Vorgang wie beim Reliefstäbchen, allerdings wird der Faden anfangs statt 1-mal 2- bzw. 3-mal um die Häkelnadel gelegt. Anschließend wie ein Doppel- bzw. Dreifachstäbchen abmaschen.

Kettmasche
Jede Häkelrunde wird mit 1 Kettmasche abgeschlossen. Dafür in die letzte Masche der Vorrunde einstechen, den Faden umschlagen und sowohl durch die Masche als auch durch die auf der Nadel befindliche Schlinge ziehen.

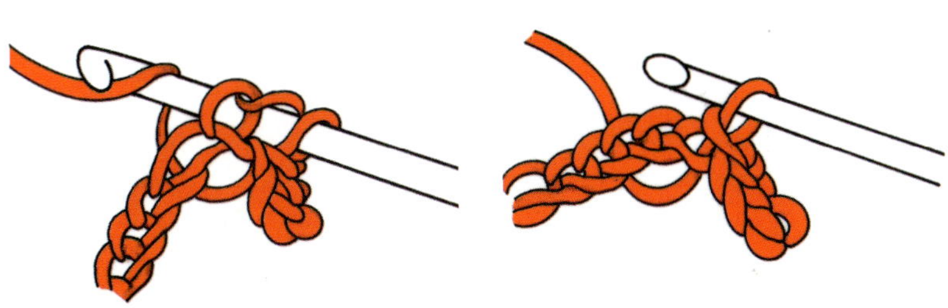

Aster

Anschlag:
6 Luftmaschen arbeiten und mit 1 Kettmasche schließen.

1. Runde:
* 8 Luftmaschen und 2 Wendemaschen arbeiten, in die 8 Luftmaschen 2 feste Maschen, 3 Stäbchen und 3 feste Maschen häkeln, in den Kreis 1 Kettmasche häkeln.
Ab * noch 11-mal wiederholen (= 12 Blätter).

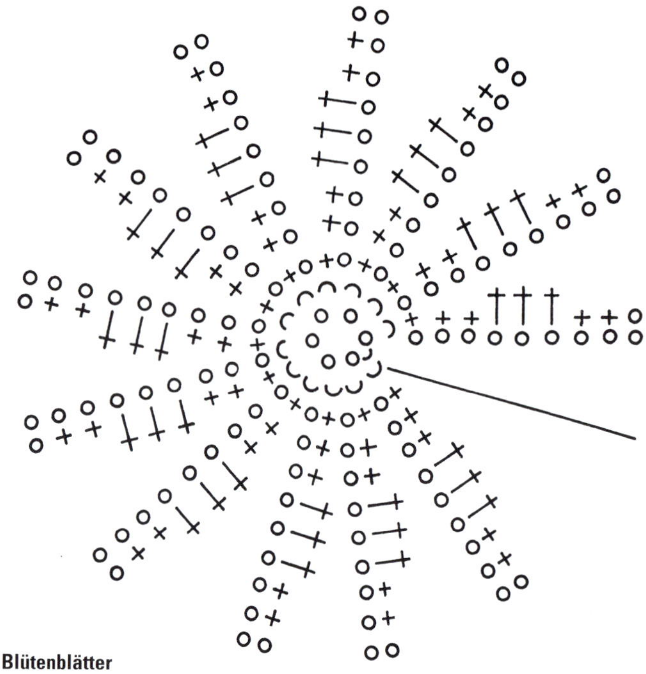

12 Blütenblätter

MATERIAL:
Baumwollgarn Coats Floretta
Farbnummer: 4421
Stärke: Nr. 20
Nadelstärke: Nr. 1

TIPP:
Die Blüten in Zuckerwasser legen, kurz einweichen und mit den Fingerspitzen in Form ziehen. Dann sofort auf den Zweig stecken und trocknen lassen. Für das Zuckerwasser verwende ich Puderzucker, da sich dieser schneller auflösen lässt.

Christrose

Anschlag:
8 Luftmaschen arbeiten und mit 1 Kettmasche schließen.

1. Runde:
2 Luftmaschen arbeiten und 15 feste Maschen in den Kreis häkeln, mit 1 Kettmasche schließen.

2. Runde:
* 7 Luftmaschen und 3 Wendemaschen arbeiten, in die 7 Luftmaschen je 1 Doppelstäbchen häkeln und in die 3. feste Masche der 1. Runde 1 Kettmasche arbeiten, 2 feste Maschen in die festen Maschen häkeln.
Ab * noch 2-mal wiederholen.

3. Runde:
* In die 7 Luftmaschen von unten kommend je 1 Doppelstäbchen arbeiten, in die 3 Wendemaschen 9 Doppelstäbchen häkeln und wieder 7 Doppelstäbchen in die Doppelstäbchen arbeiten, 1 feste Masche häkeln.
Ab * noch 2-mal wiederholen.

4. Runde:
* In die 7 Doppelstäbchen von unten kommend 7 Stäbchen häkeln, in die 9 Doppelstäbchen 9 Stäbchen arbeiten und in die 7 Doppelstäbchen wieder 7 Stäbchen häkeln, 1 feste Masche arbeiten.
Ab * noch 2-mal wiederholen.

5. Runde:
* In 10 Stäbchen von unten kommend je 1 feste Masche arbeiten, 3 Luftmaschen, 1 feste Masche, 3 Luftmaschen, 1 feste Masche, 3 Luftmaschen, 1 feste Masche, 3 Luftmaschen, 1 feste Masche, 3 Luftmaschen und 9 feste Maschen in die Stäbchen häkeln.
Ab * noch 2-mal wiederholen.

MATERIAL:
Baumwollgarn Coats Floretta
Farbnummer: 4400
Stärke: Nr. 10
Nadelstärke: Nr. 1–1,5

TIPP:
Häkeln Sie die Christrose etwas lockerer. Wird sie zu fest gehäkelt, zieht sie sich zu stark zusammen.

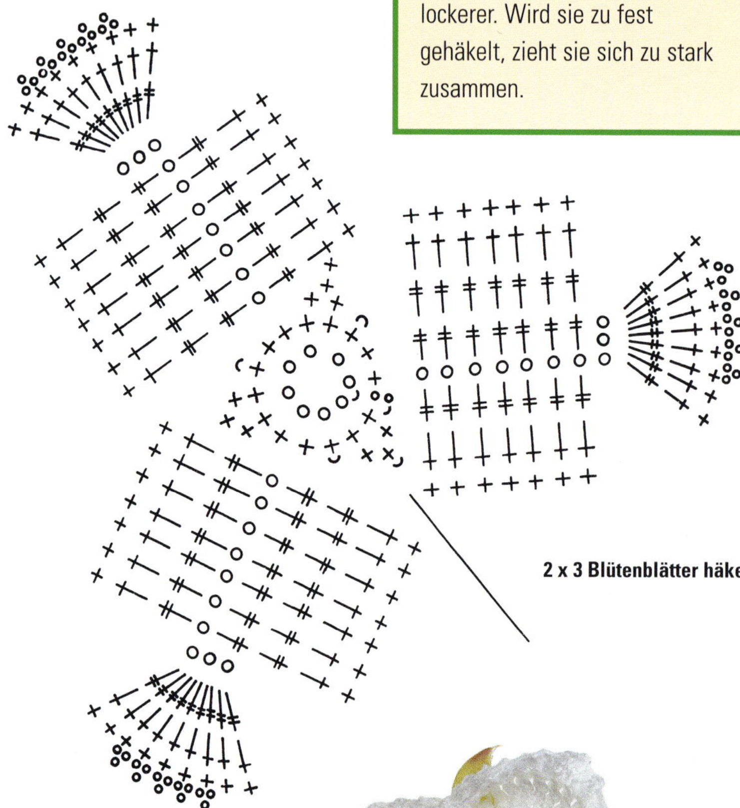

2 x 3 Blütenblätter häkeln

Clematis

Anschlag:
6 Luftmaschen arbeiten und mit 1 Kettmasche schließen.

1. Runde:
2 Luftmaschen und in den Ring 12 feste Maschen häkeln, mit 1 Kettmasche schließen.

2. Runde:
* 12 Luftmaschen und 3 Wendemaschen arbeiten, in die 12 Luftmaschen werden 8 Stäbchen und 4 feste Maschen gehäkelt, in die 2. feste Masche des Rings 1 Kettmasche häkeln.
Ab * noch 5-mal wiederholen.

3. Runde:
* Von unten kommend 4 feste Maschen, 2 Stäbchen, 4 Doppelstäbchen, 2 Stäbchen häkeln, 3 Stäbchen in die Wendemaschen arbeiten und wieder 2 Stäbchen, 4 Doppelstäbchen, 2 Stäbchen, 4 feste Maschen und 1 Kettmasche häkeln.
Ab * noch 5-mal wiederholen.

4. Runde:
* Von unten kommend 4 feste Maschen, 2 Stäbchen, 2 Doppelstäbchen, 2 Doppelstäbchen in 1 Doppelstäbchen und wieder 2 Doppelstäbchen häkeln.
3 Doppelstäbchen in 1 Stäbchen arbeiten, in die Wendemaschen werden 2 Doppelstäbchen, 2 Dreifachstäbchen und 2 Doppelstäbchen gehäkelt.
Wieder 3 Doppelstäbchen in je 1 Stäbchen, 2 Doppelstäbchen, 2 Doppelstäbchen in 1 Doppelstäbchen arbeiten, 2 Doppelstäbchen, 2 Stäbchen und 4 feste Maschen häkeln.
Ab * noch 5-mal wiederholen.

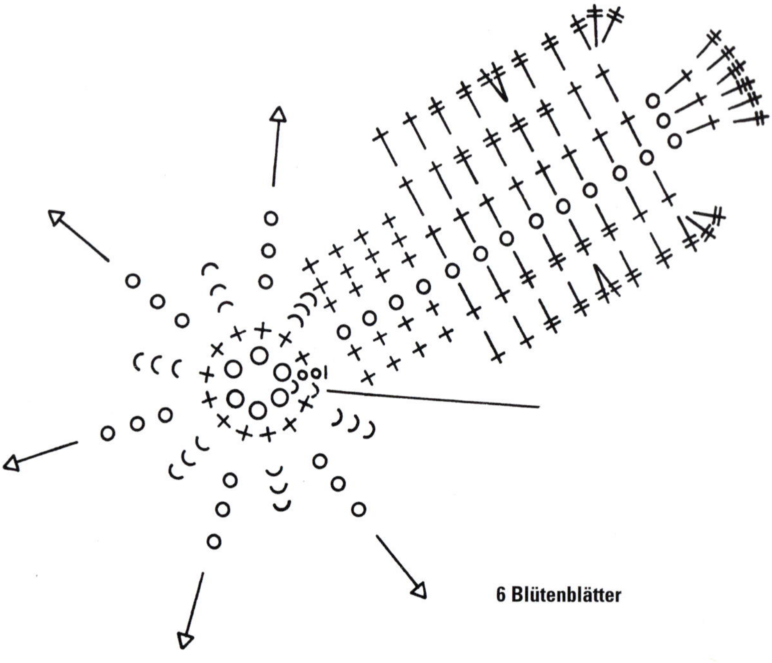

6 Blütenblätter

MATERIAL:
Baumwollgarn Coats Floretta
Farbnummer: 4403
Stärke: Nr. 10
Nadelstärke: Nr. 1–1,5

TIPP:
Die Clematis wirkt auch in Lilatönen (z. B. Farbnummern 4414 und 4420) sehr schön.

Dahlie

Anschlag:
10 Luftmaschen arbeiten und mit 1 Kettmasche schließen.

1. Runde:
2 Luftmaschen arbeiten und in den Ring 16 feste Maschen häkeln, mit 1 Kettmasche schließen.

2. Runde:
* 10 Luftmaschen und 3 Wendemaschen arbeiten, in die 10 Luftmaschen werden 5 Doppelstäbchen, 3 Stäbchen, 2 feste Maschen gehäkelt, in die 2. feste Masche des Rings wird 1 Kettmasche gehäkelt.
Ab * noch 7-mal wiederholen und mit 1 Kettmasche schließen.

3. Runde:
* Von unten kommend 1 feste Masche, 2 halbe Stäbchen und 7 Stäbchen arbeiten. In die 3 Wendemaschen werden 2 Stäbchen, 1 Doppelstäbchen und wieder 2 Stäbchen gehäkelt.
5 Stäbchen in die Doppelstäbchen und 2 Stäbchen in die Stäbchen, dann 1 halbes Stäbchen in 1 Stäbchen, 1 halbes Stäbchen in 1 feste Masche und 1 feste Masche in die feste Masche arbeiten.
Ab * noch 7-mal wiederholen.

4. Runde:
In jede Masche 1 feste Masche häkeln und mit 1 Kettmasche schließen.

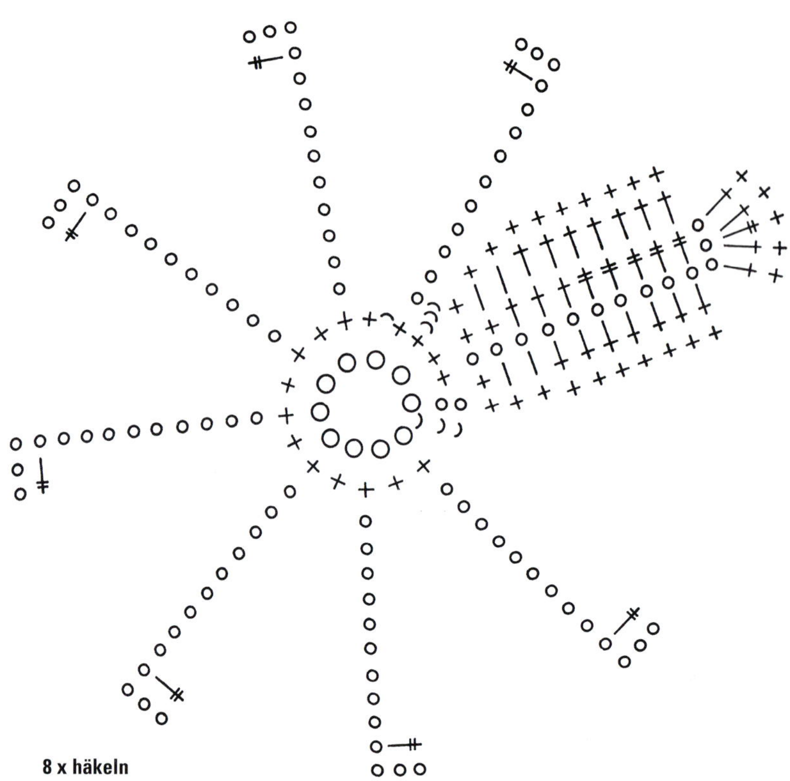

MATERIAL:
Baumwollgarn Coats Floretta
Farbnummern: 4400, 4402, 4403, 4411, 4414
Stärke: Nr. 10
Nadelstärke: Nr. 1–1,5

Edelweiß

Anschlag:
6 Luftmaschen, mit 1 Kettmasche schließen.

1. Runde:
Blatt 1: 10 Luftmaschen und 3 Wendemaschen arbeiten, 10 Stäbchen und 1 feste Masche in den Ring häkeln.

Blatt 2: 7 Luftmaschen und 3 Wendemaschen arbeiten, in die 7 Luftmaschen 7 Stäbchen und in den Ring 1 feste Masche häkeln.

Blatt 3: 12 Luftmaschen und 3 Wendemaschen arbeiten, in die 12 Luftmaschen 12 Stäbchen arbeiten und in den Ring 1 feste Masche häkeln.

Blatt 4: wie Blatt 2

Blatt 5: wie Blatt 1

Blatt 6: wie Blatt 3

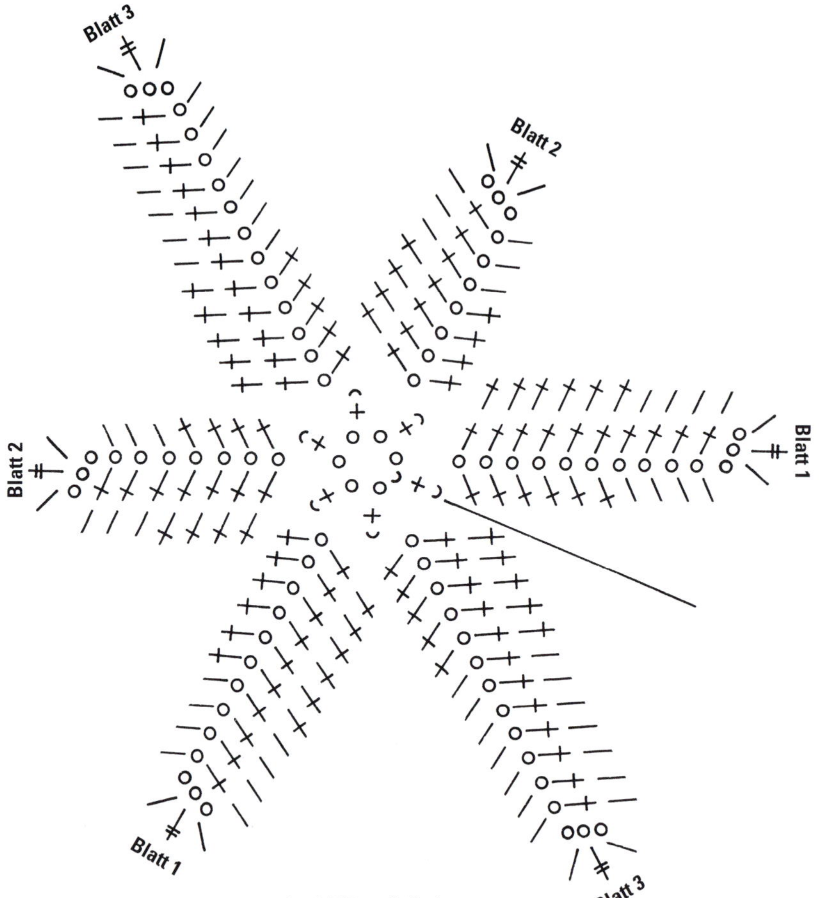

2 x 6 Blätter häkeln

2. Runde:
Blatt 1: Von unten kommend 6 Stäbchen, 4 halbe Stäbchen in die Maschen arbeiten, in die Wendemaschen 1 halbes Stäbchen, 1 Doppelstäbchen und 1 halbes Stäbchen häkeln. 4 halbe Stäbchen und 6 Stäbchen arbeiten und 1 Kettmasche in die feste Masche häkeln.

Blatt 2: Von unten kommend 4 Stäbchen und 3 halbe Stäbchen in die Maschen arbeiten, in die Wendemaschen 1 halbes Stäbchen, 1 Doppelstäbchen und wieder 1 halbes Stäbchen häkeln. 3 halbe Stäbchen, 4 Stäbchen arbeiten und in die feste Masche 1 Kettmasche häkeln.

Blatt 3: Von unten kommend 5 Stäbchen, 7 halbe Stäbchen arbeiten, in die Wendemaschen 1 halbes Stäbchen, 1 Doppelstäbchen und wieder 1 halbes Stäbchen häkeln. 7 halbe Stäbchen, 5 Stäbchen häkeln und 1 Kettmasche in die feste Masche arbeiten.

Blatt 4: wie Blatt 2
Blatt 5: wie Blatt 1
Blatt 6: wie Blatt 3

MATERIAL:
Baumwollgarn Coats Floretta
Farbnummer: 4400
Stärke: Nr. 10
Nadelstärke: Nr. 1–1,5

Enzian

Anschlag:
6 Luftmaschen arbeiten und mit 1 Kettmasche schließen.

1. Runde:
15 Luftmaschen und 3 Wendemaschen arbeiten, * in die 15 Luftmaschen 7 Doppelstäbchen arbeiten, 3 Luftmaschen häkeln und in die 8. Luftmasche 1 Kettmasche häkeln. Wieder 3 Luftmaschen und 5 Doppelstäbchen in die nächsten 5 Luftmaschen häkeln. 2 Stäbchen häkeln und 2 feste Maschen in den Kreis arbeiten, wieder 15 Luftmaschen und 3 Wendemaschen häkeln.
Ab * noch 2-mal wiederholen.

2. Runde:
* 2 Stäbchen und 5 Doppelstäbchen von unten in die Luftmaschen arbeiten, 3 Luftmaschen und in die 8. Masche 1 Kettmasche häkeln. Wieder 3 Luftmaschen häkeln und in die 7 Luftmaschen je 1 Doppelstäbchen arbeiten. In die 3 Wendemaschen 3 Stäbchen, 1 Kettmasche und wieder 3 Stäbchen häkeln. Danach 21 Kettmaschen häkeln und in die beiden festen Maschen je 1 Kettmasche häkeln.
Ab * noch 2-mal wiederholen.

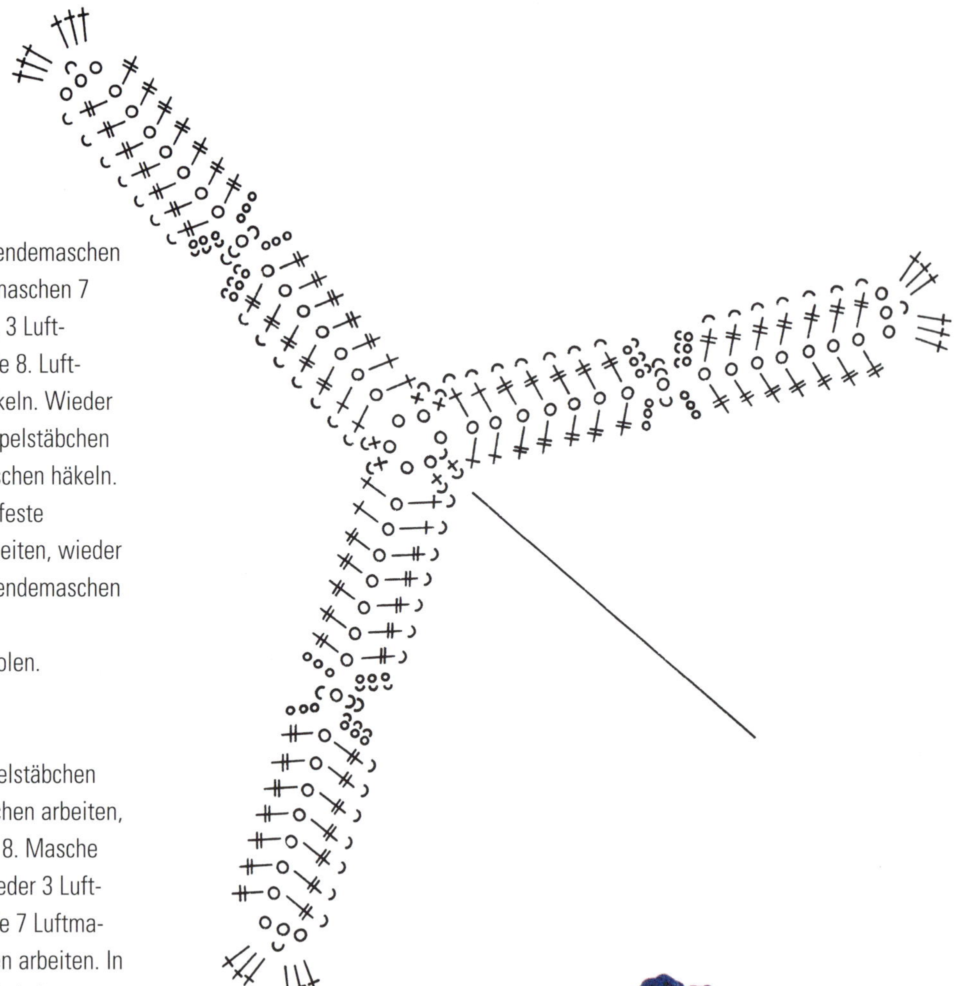

2 x 3 Blätter häkeln

MATERIAL:
Baumwollgarn Coats Floretta
Farbnummer: 4424
Stärke: Nr. 10
Nadelstärke: Nr. 1

Gerbera

Anschlag;
8 Luftmaschen arbeiten und mit 1 Kettmasche schließen.

1. Runde:
* 15 Luftmaschen und 3 Wendemaschen häkeln. In die 15 Luftmaschen 8 Doppelstäbchen und 7 Stäbchen häkeln, in den Ring wird 1 Kettmasche gehäkelt.
Ab * noch 10-mal wiederholen und mit 1 Kettmasche schließen.

2. Runde:
* Von unten kommend in die 15 Maschen je 1 halbes Stäbchen arbeiten, in die Wendemaschen 3 halbe Stäbchen arbeiten und wieder 15 halbe Stäbchen häkeln.
Ab * noch 10-mal wiederholen.

Für die Gerberablüte werden 2 Blütensätze benötigt, die dann übereinander gesteckt werden müssen.

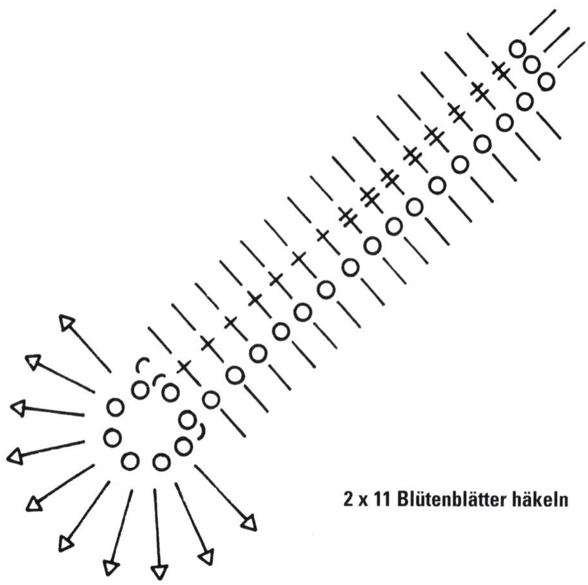

2 x 11 Blütenblätter häkeln

MATERIAL:
Baumwollgarn Coats Floretta
Farbnummer: 4411
Stärke: Nr. 10
Nadelstärke: Nr. 1–1,5

Gloxinie

Anschlag:
7 Luftmaschen arbeiten und mit 1 Kettmasche schließen.

1. Runde:
3 Luftmaschen und 18 Stäbchen in den Ring häkeln, mit 1 Kettmasche schließen.

2. Runde:
3 Luftmaschen arbeiten, anschließend abwechselnd 1 Stäbchen und 2 Stäbchen in je 1 Stäbchen der Vorreihe häkeln, mit 1 Kettmasche schließen.

3. Runde:
3 Luftmaschen arbeiten und in jedes Stäbchen der Vorrunde 1 Stäbchen häkeln, mit 1 Kettmasche schließen.

4. bis 6. Runde:
wie 3. Runde

7. Runde:
2 Luftmaschen arbeiten, * 1 Stäbchen, 2 Doppelstäbchen, 1 Stäbchen in 1 Stäbchen, 1 feste Masche in 1 Stäbchen arbeiten.
Ab * bis zum Ende der Runde wiederholen und mit 1 Kettmasche schließen.

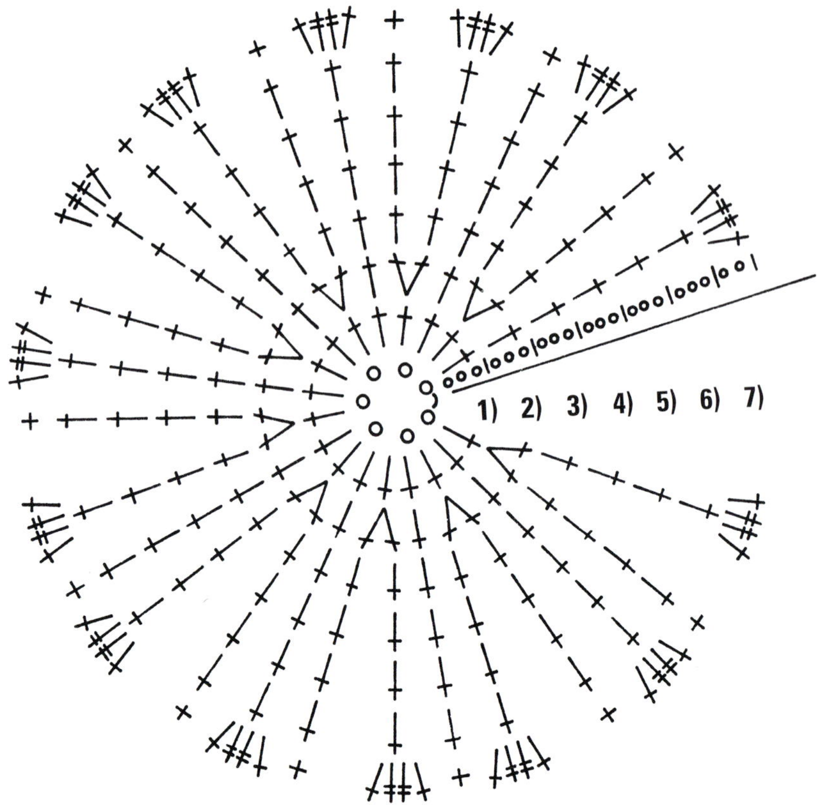

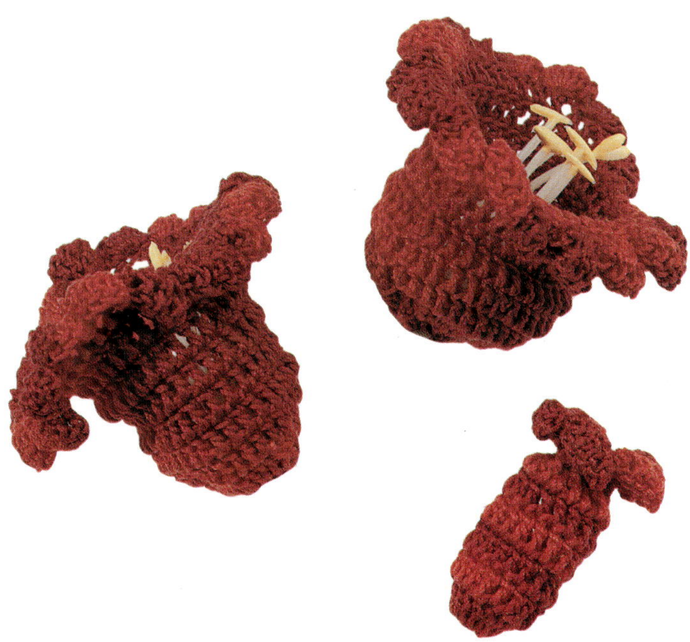

MATERIAL:
Baumwollgarn Coats Floretta
Farbnummer: 4411
Stärke: Nr. 10
Nadelstärke: Nr. 1

TIPP:
Wenn Sie sehr fest häkeln, müssen Sie die Blüte nicht stärken.

Hortensie

Anschlag:
6 Luftmaschen arbeiten und mit 1 Kettmasche schließen.

1. Runde:
* 6 Luftmaschen und 1 Wendemasche arbeiten, in die 6 Luftmaschen werden 1 feste Masche, 1 halbes Stäbchen, 1 Stäbchen, 1 Doppelstäbchen, 1 Stäbchen und 1 halbes Stäbchen gearbeitet, in den Ring 1 Kettmasche häkeln.
Ab * noch 3-mal wiederholen.

2. Runde:
* Von unten kommend 1 halbes Stäbchen, 1 Stäbchen, 1 Doppelstäbchen, 1 Stäbchen, 1 halbes Stäbchen, 1 feste Masche und 2 Luftmaschen arbeiten, 1 feste Masche, 1 halbes Stäbchen, 5 Stäbchen und 1 Kettmasche häkeln.
Ab * noch 3-mal wiederholen.

3. Runde:
* Von unten kommend 1 feste Masche, 2 feste Maschen in 1 Stäbchen, 2 feste Maschen in 1 Doppelstäbchen, 1 feste Masche, 1 Stäbchen, 1 feste Masche in 1 Stäbchen, 2 feste Maschen in 1 halbes Stäbchen, 2 feste Maschen in 1 feste Masche häkeln. 1 feste Masche in die Luftmasche, wieder 2 Luftmaschen, 1 feste Masche in die Luftmasche, 2 feste Maschen in 1 feste Masche, 2 feste Maschen in 1 halbes Stäbchen, 2 feste Maschen in 1 Stäbchen häkeln, 1 feste Masche, 1 Stäbchen, 1 feste Masche in 1 Stäbchen häkeln, 2 feste Maschen in 1 Stäbchen häkeln, 2 feste Maschen in 1 Stäbchen arbeiten, 1 feste Masche und 1 Kettmasche arbeiten.
Ab * noch 3-mal wiederholen.

MATERIAL:
Baumwollgarn Coats Floretta
Farbnummern: 4490
Stärke: Nr. 10 oder 20
Nadelstärke: Nr. 1–1,5

TIPP:
Für kleinere Blumenstöcke Häkelgarn Nr. 20 verwenden, bei größeren Nr. 10. Die Hortensie muss nicht gestärkt werden.

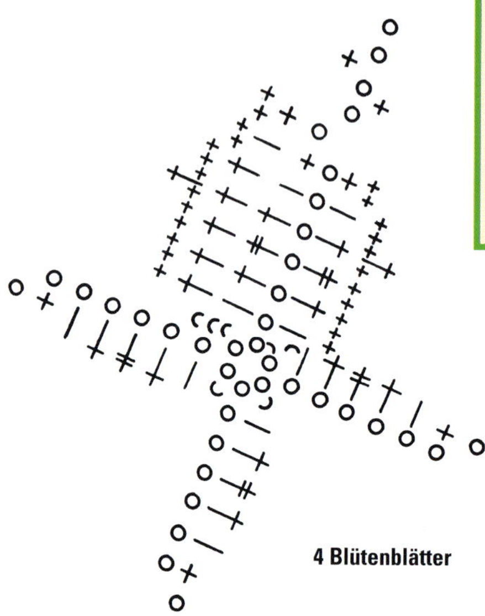

4 Blütenblätter

Krokus

Anschlag:
6 Luftmaschen häkeln, mit 1 Kettmasche schließen.

1. Runde:
* 12 Luftmaschen und 2 Wendemaschen arbeiten, in die 12 Luftmaschen 7 Doppelstäbchen und 5 Stäbchen, in den Ring 1 feste Masche häkeln.
Ab * noch 4-mal wiederholen.

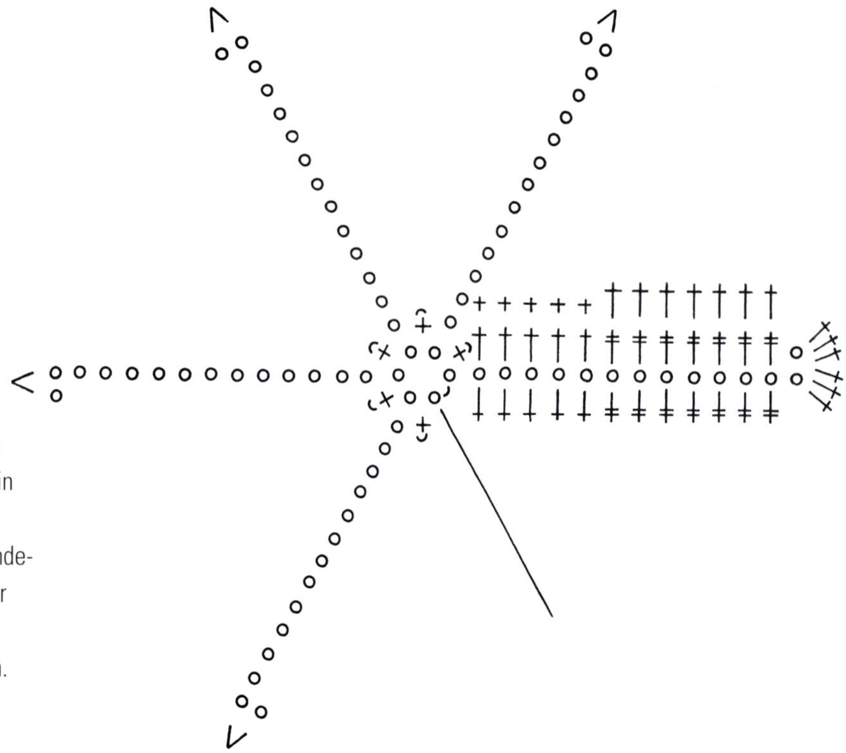

2. Runde:
* Von unten kommend in die ersten 5 Luftmaschen 5 Stäbchen häkeln, in die folgenden 7 Luftmaschen 7 Doppelstäbchen und in die 2 Wendemaschen 6 Stäbchen häkeln, wieder 7 Stäbchen und 5 feste Maschen häkeln, mit 1 Kettmasche schließen.
Ab * 4-mal wiederholen.

MATERIAL:
Bauwollgarn Coats Floretta
Farbnummern: 4403, 4414, 4421
Stärke: Nr. 10
Nadelstärke: Nr. 1

Lein und Ringelblume

Lein

Anschlag:
5 Luftmaschen arbeiten, mit 1 Kettmasche schließen.

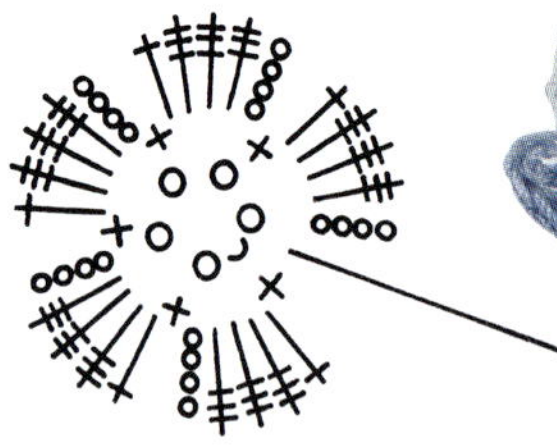

1. Runde:
* 4 Luftmaschen arbeiten und 3 Dreifachstäbchen, 1 Stäbchen sowie 1 feste Masche in den Kreis häkeln. Ab * 4-mal wiederholen.

> **MATERIAL:**
> Anchor Spitzengarn
> Farbnummer: 1295
> Nadelstärke: Nr. 1

Ringelblume

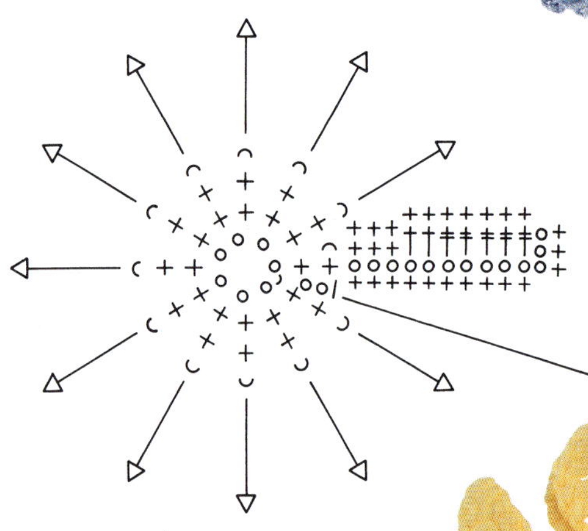

Anschlag:
7 Luftmaschen arbeiten, mit 1 Kettmasche schließen.

1. Runde:
2 Luftmaschen arbeiten und in den Kreis 12 feste Maschen häkeln, mit 1 Kettmasche schließen.

2. Runde:
* 10 Luftmaschen und 3 Wendemaschen arbeiten, in die 10 Luftmaschen 5 Doppelstäbchen, 2 Stäbchen und 3 feste Maschen häkeln. In die nächste feste Masche des Rings 1 feste Masche häkeln.
Ab * 11-mal wiederholen und mit 1 festen Masche schließen.

3. Runde:
In jede Masche 1 feste Masche häkeln, jeweils mit 1 Kettmasche enden.

> **MATERIAL:**
> Baumwollgarn Coats Floretta
> Farbnummer: 4403
> Stärke: Nr. 10
> Nadelstärke: Nr. 1

Salomonssiegel

Anschlag:
6 Luftmaschen arbeiten und mit 1 Kettmasche schließen.

1. Runde:
3 Luftmaschen und 18 Stäbchen in den Ring häkeln, mit 1 Kettmasche schließen.

2. Runde:
3 Luftmaschen arbeiten, in jedes Stäbchen 1 Stäbchen häkeln und mit 1 Kettmasche schließen.

3. bis 6. Runde:
wie 2. Runde

7. Runde:
2 Luftmaschen, 1 Reliefstäbchen, 1 feste Masche, 1 Reliefstäbchen, 1 feste Masche abwechselnd bis zum Ende der Runde arbeiten und mit 1 Kettmasche schließen.

8. Runde:
2 Luftmaschen häkeln und in jede Masche 1 feste Masche arbeiten, mit 1 Kettmasche schließen.

9. Runde:
2 Luftmaschen arbeiten, * 3 Stäbchen in 1 Masche häkeln und 1 Kettmasche in 1 Masche arbeiten.
Ab * bis zum Ende der Runde wiederholen, mit 1 Kettmasche schließen.

MATERIAL:
Baumwollgarn Coats Floretta
Farbnummer: 4400
Stärke: Nr. 10
Nadelstärke: Nr. 1

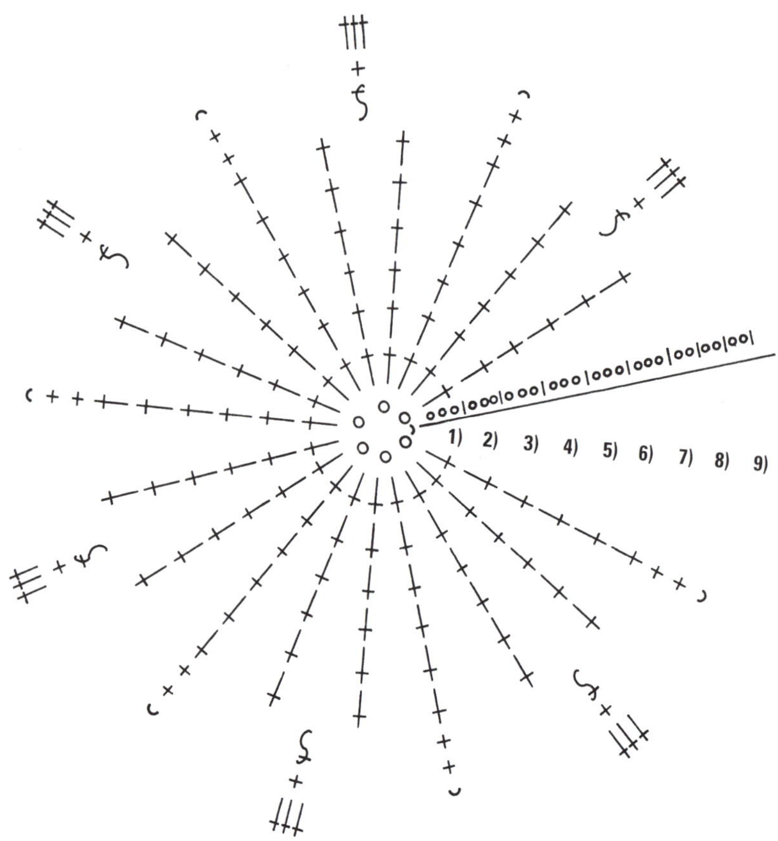

Schleierkraut

Anschlag:
6 Luftmaschen arbeiten, mit 1 Kettmasche schließen.

1. Runde:
* 3 Luftmaschen arbeiten und 5 Doppelstäbchen sowie 1 feste Masche in den Kreis häkeln.
Ab * noch 4-mal wiederholen und mit 1 Kettmasche schließen.

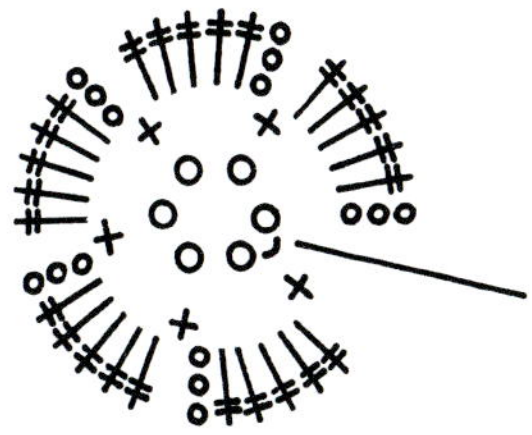

MATERIAL:
Baumwollgarn Coats Floretta
Farbnummer: 4400
Stärke: Nr. 20
Nadelstärke: Nr. 1

TIPP:
Für besonders kleine Blüten eignet sich Spitzengarn am besten.

Schneeglöckchen

Anschlag:
5 Luftmaschen arbeiten und mit 1 Kettmasche schließen.

1. Runde:
2 Luftmaschen arbeiten und in den Ring 10 feste Maschen häkeln, mit 1 Kettmasche schließen.

2. Runde:
3 Luftmaschen häkeln, anschließend abwechselnd 2 Stäbchen und 1 Stäbchen in die Stäbchen arbeiten und mit 1 Kettmasche schließen.

3. Runde:
2 Luftmaschen arbeiten, * 2 feste Maschen, dann 2 feste Maschen in 1 Stäbchen häkeln, ab * wiederholen bis zum Ende der Runde und mit 1 Kettmasche schließen.

4. Runde:
2 Luftmaschen arbeiten und in jede feste Masche 1 halbes Stäbchen häkeln, mit 1 Kettmasche schließen.

5. bis 7. Runde:
wie 4. Runde

8. Runde:
2 Luftmaschen arbeiten und in jedes halbe Stäbchen 1 feste Masche häkeln, mit 1 Kettmasche schließen.

9. Runde:
2 Luftmaschen arbeiten, * 1 halbes Stäbchen und 1 Stäbchen häkeln, 1 Doppelstäbchen, 1 Dreifachstäbchen, 1 Doppelstäbchen in 1 feste Masche arbeiten, 1 Stäbchen, 1 halbes Stäbchen häkeln.
Ab * wiederholen bis zum Ende der Runde, mit 1 Kettmasche schließen.

Die 4 Spitzen mit grünem Faden umsticken.

MATERIAL:
Baumwollgarn Coats Floretta
Farbnummer: 4400
Für die Spitzen: 4425
Stärke: Nr. 10
Nadelstärke: Nr. 1–1,5

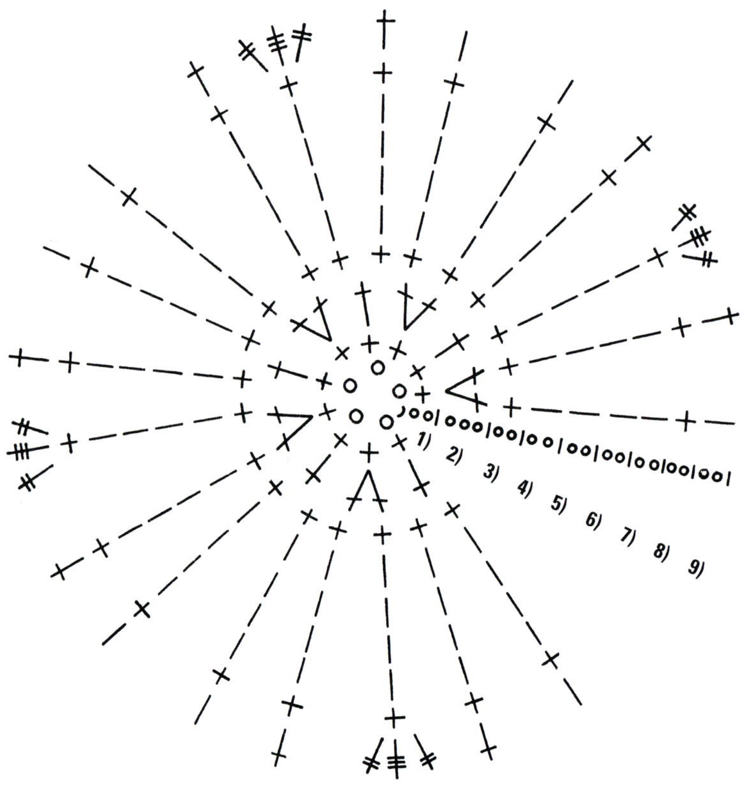

Sonnenhut

Anschlag:
8 Luftmaschen arbeiten, mit 1 Kettmasche schließen.

1. Runde:
2 Luftmaschen arbeiten, in den Ring 15 feste Maschen häkeln, mit 1 Kettmasche schließen.

2. Runde:
* 12 Luftmaschen, 2 Wendemaschen häkeln und in die 12 Luftmaschen 12 Stäbchen häkeln, 1 Kettmasche in die feste Masche des Rings arbeiten. Ab * 14-mal wiederholen und mit 1 Kettmasche schließen.

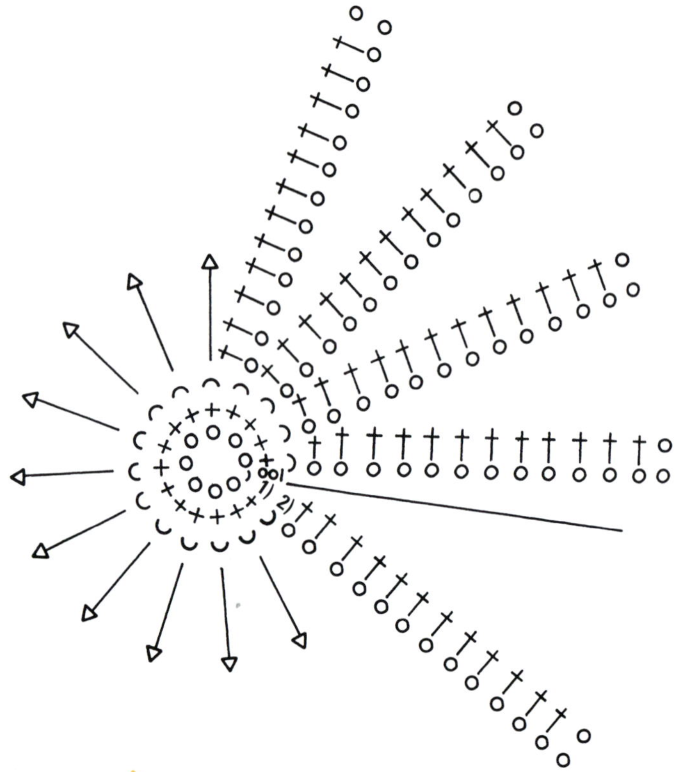

MATERIAL:
Baumwollgarn Coats Floretta
Farbnummer: 4404
Stärke: Nr. 10
Nadelstärke: Nr. 1–1,5

Stiefmütterchen

TEIL 1 (3 BLÄTTER)

Anschlag:
5 Luftmaschen arbeiten und mit 1 Kettmasche schließen.

1. Runde für Blatt 1 und 2:
5 Luftmaschen und 2 Wendemaschen arbeiten, in die 5 Luftmaschen 3 Stäbchen und 2 feste Maschen arbeiten, in den Ring 2 feste Maschen häkeln.

1. Runde für Blatt 3:
7 Luftmaschen und 2 Wendemaschen arbeiten, in die 7 Luftmaschen 5 Stäbchen und 2 feste Maschen häkeln, 2 feste Maschen in den Ring arbeiten.

2. Runde für Blatt 1 und 2:
Von unten kommend 2 feste Maschen, 1 Stäbchen, 2 Stäbchen in 1 Masche, 1 Stäbchen arbeiten, dann 1 Stäbchen und 1 Doppelstäbchen in die 1. Wendemasche häkeln. 1 Doppelstäbchen und 1 Stäbchen in die 2. Wendemasche arbeiten, 1 Stäbchen, 2 Stäbchen in 1 Stäbchen arbeiten, 1 Stäbchen und 2 feste Maschen häkeln. Zwischen die beiden festen Maschen 1 Kettmasche arbeiten.

2. Runde für Blatt 3:
Von unten kommend 2 feste Maschen, 1 Stäbchen, 2 Doppelstäbchen, 2 Dreifachstäbchen in 1 Luftmasche arbeiten, 3 Doppelstäbchen in 1 Luftmasche häkeln. 3 Doppelstäbchen, 1 Kettmasche, 3 Luftmaschen, 3 Doppelstäbchen in die beiden Wendemaschen häkeln, 3 Doppelstäbchen in 1 Stäbchen arbeiten, 2 Dreifachstäbchen in 1 Stäbchen, 2 Doppelstäbchen, 1 Stäbchen und 2 feste Maschen arbeiten. Zwischen die beiden festen Maschen des Rings 1 Kettmasche häkeln.

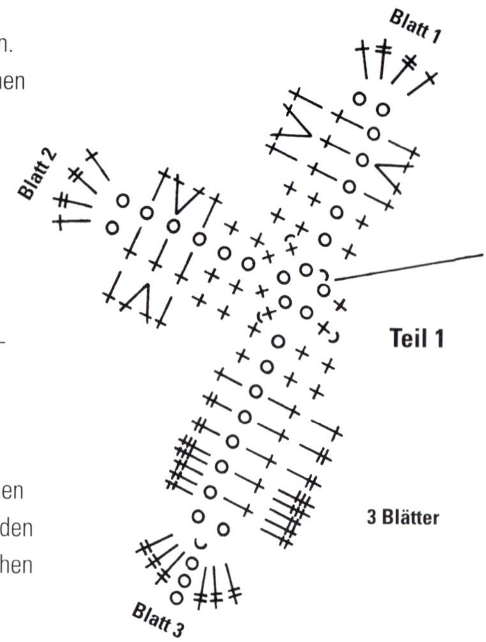

TEIL 2 (2 BLÄTTER)

Anschlag:
5 Luftmaschen arbeiten, mit 1 Kettmasche schließen.

1. Runde für Blatt 1:
7 Luftmaschen und 2 Wendemaschen arbeiten, in die 7 Luftmaschen werden 7 Stäbchen gehäkelt, 2 feste Maschen in den Ring arbeiten.

1. Runde für Blatt 2:
10 Luftmaschen und 2 Wendemaschen arbeiten, in die 10 Luftmaschen 10 Stäbchen häkeln und 8 feste Maschen in den Ring arbeiten.

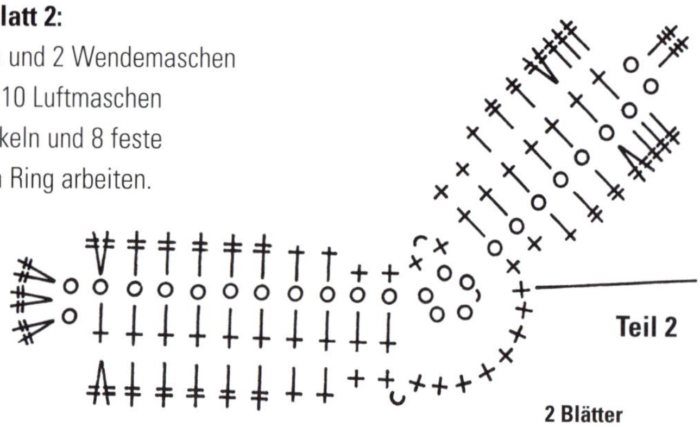

2. Runde für Blatt 1:
Von unten kommend 2 feste Maschen, 1 Stäbchen, 2 Doppelstäbchen arbeiten, 2 Doppelstäbchen in 1 Stäbchen häkeln. 3 Doppelstäbchen in 1 Stäbchen arbeiten, in die Wendemaschen 2 Dreifachstäbchen häkeln, 3 Doppelstäbchen in 1 Stäbchen arbeiten, 2 Doppelstäbchen in 1 Stäbchen häkeln, 2 Doppelstäbchen, 1 Stäbchen, 2 feste Maschen arbeiten. Zwischen die beiden festen Maschen 1 Kettmasche häkeln.

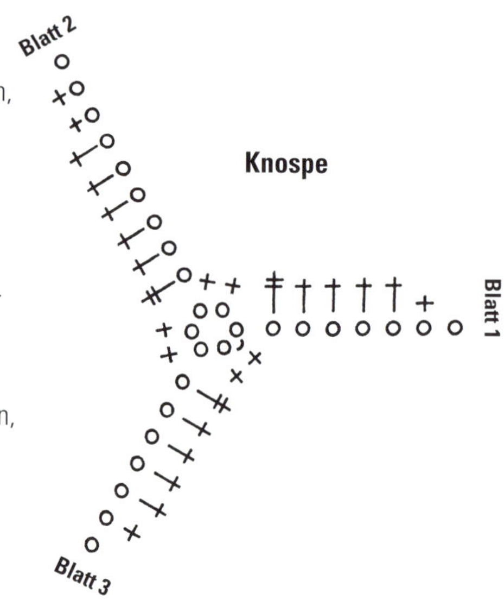

2. Runde für Blatt 2:
Von unten kommend 2 feste Maschen, 2 Stäbchen, 5 Doppelstäbchen, 2 Doppelstäbchen in 1 Stäbchen häkeln, in die Wendemaschen 3-mal 2 Doppelstäbchen arbeiten. 2 Doppelstäbchen in 1 Stäbchen, 5 Doppelstäbchen, 2 Stäbchen, 2 feste Maschen arbeiten und mit 1 Kettmasche schließen.

KNOSPE

Anschlag:
6 Luftmaschen arbeiten und mit 1 Kettmasche schließen.

1. Runde für Blatt 1 und 3:
6 Luftmaschen und 1 Wendemasche arbeiten. In die 6 Luftmaschen werden 1 feste Masche, 4 Stäbchen und 1 Doppelstäbchen gehäkelt. In den Ring 2 feste Maschen arbeiten.

1. Runde für Blatt 2:
8 Luftmaschen und 1 Wendemasche arbeiten. In die 8 Luftmaschen werden 2 feste Maschen, 5 Stäbchen und 1 Doppelstäbchen gehäkelt. In den Ring 2 feste Maschen arbeiten.
Die Runde mit 1 Kettmasche schließen.

MATERIAL:
Baumwollgarn Coats Floretta
Farbnummer: 4494
Stärke: Nr. 20
Nadelstärke: Nr. 1

GROSSE BLÜTE

Anschlag:

8 Luftmaschen arbeiten, mit 1 Kettmasche schließen.

1. Reihe:
3 Luftmaschen arbeiten, 6 Stäbchen in den Ring häkeln.

2. Reihe:
3 Luftmaschen häkeln und in die 6 Stäbchen nochmals 6 Stäbchen arbeiten.

3. Reihe:
3 Luftmaschen arbeiten, anschließend abwechselnd 2 Stäbchen und 1 Stäbchen in je 1 Stäbchen häkeln.

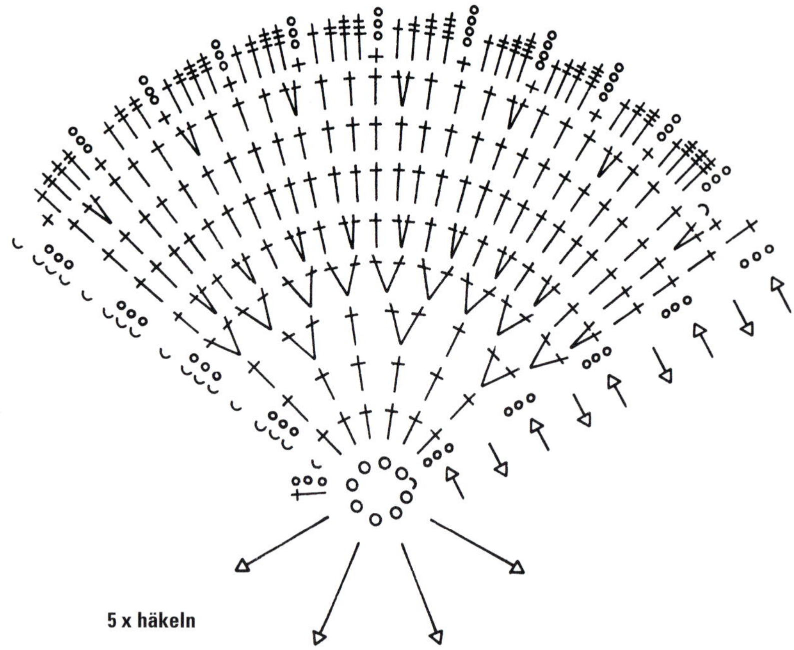

4. Reihe:
3 Luftmaschen arbeiten und in jedes Stäbchen der Vorreihe 2 Stäbchen häkeln.

5. Reihe:
3 Luftmaschen arbeiten, anschließend abwechselnd 2 Stäbchen und 1 Stäbchen in je 1 Stäbchen häkeln.

6. bis 7. Reihe:
3 Luftmaschen arbeiten und in jedes Stäbchen 1 Stäbchen häkeln.

8. Reihe:
3 Luftmaschen arbeiten, 1 Stäbchen, * 2 Stäbchen in 1 Stäbchen häkeln und 3 Stäbchen arbeiten, ab * wiederholen, mit 1 Stäbchen enden.

9. Reihe:
3 Luftmaschen, 1 Stäbchen, 1 feste Masche, 1 Kettmasche, 3 Luftmaschen, dann 3 Dreifachstäbchen in 1 Stäbchen arbeiten. 1 Stäbchen, 1 feste Masche, 3 Luftmaschen, dann 1 Dreifachstäbchen und 1 Doppelstäbchen in 1 Stäbchen häkeln. 1 Stäbchen, 1 feste Masche, 4 Luftmaschen, dann 1 Vierfachstäbchen und 1 Dreifachstäbchen in 1 Stäbchen häkeln. 1 Doppelstäbchen und 1 Stäbchen in 1 Stäbchen häkeln. 1 feste Masche, 4 Luftmaschen arbeiten, dann 1 Vierfachstäbchen und 1 Dreifachstäbchen in 1 Stäbchen häkeln. 1 Doppelstäbchen und 1 Stäbchen in 1 Stäbchen häkeln. 1 feste Masche, 4 Luftmaschen arbeiten, 1 Vierfachstäbchen und 1 Dreifachstäbchen in 1 Stäbchen häkeln. 1 Doppelstäbchen, 1 Stäbchen, 1 feste Masche, 3 Luftmaschen arbeiten. 2 Dreifachstäbchen und 1 Doppelstäbchen in 1 Stäbchen häkeln. 1 Stäbchen, 1 feste Masche, 3 Luftmaschen arbeiten. 2 Dreifachstäbchen und 1 Doppelstäbchen in 1 Stäbchen häkeln. 1 Stäbchen, 1 feste Masche, 3 Luftmaschen arbeiten. 2 Dreifachstäbchen und 1 Doppelstäbchen in 1 Stäbchen häkeln. 1 Stäbchen, 1 feste Masche, 3 Luftmaschen arbeiten. 2 Doppelstäbchen in 1 Stäbchen häkeln, 1 Stäbchen, 1 feste Masche, 3 Luftmaschen arbeiten. 2 Doppelstäbchen in 1 Stäbchen, 1 Doppelstäbchen, 1 Stäbchen und 1 feste Masche in 1 Stäbchen häkeln und am Seitenrand 17 Kettmaschen häkeln.

Es werden 5 Blütenblätter gehäkelt.

MITTLERE BLÜTE

Anschlag:
8 Luftmaschen arbeiten und mit 1 Kettmasche schließen.

1. Reihe:
3 Luftmaschen häkeln und 6 Stäbchen in den Ring arbeiten.

2. Reihe:
3 Luftmaschen häkeln, anschließend abwechselnd 1 Stäbchen und 2 Stäbchen in je 1 Stäbchen arbeiten.

3. Reihe:
3 Luftmaschen arbeiten und in jedes Stäbchen der Vorreihe 2 Stäbchen häkeln.

4. Reihe:
3 Luftmaschen arbeiten, anschließend abwechselnd 2 Stäbchen und 1 Stäbchen in je 1 Stäbchen häkeln.

5. Reihe:
3 Luftmaschen arbeiten und in jedes Stäbchen 1 Stäbchen häkeln.

6. Reihe:
3 Luftmaschen arbeiten, 1 Stäbchen häkeln und 2 Stäbchen in 1 Stäbchen häkeln. Ab hier bis zum Ende der Reihe abwechselnd 3 Stäbchen arbeiten, dann 2 Stäbchen in 1 Stäbchen arbeiten. Mit 1 Stäbchen enden.

7. Reihe = Rand:
3 Luftmaschen, 1 Stäbchen, 1 feste Masche, 1 Kettmasche, 3 Luftmaschen, dann 3 Dreifachstäbchen in 1 Stäbchen arbeiten. 1 Stäbchen, 1 feste Masche, 4 Luftmaschen, dann 1 Vierfachstäbchen und 1 Dreifachstäbchen in 1 Stäbchen sowie 1 Doppelstäbchen und 1 Stäbchen in 1 Stäbchen häkeln. 1 feste Masche, 4 Luftmaschen, dann 1 Vierfachstäbchen und 1 Dreifachstäbchen in 1 Stäbchen häkeln. 1 Doppelstäbchen und 1 Stäbchen in 1 Stäbchen häkeln. 1 feste Masche, 4 Luftmaschen häkeln, dann 1 Vierfachstäbchen und 1 Dreifachstäbchen in 1 Stäbchen arbeiten. 1 Doppelstäbchen und 1 Stäbchen in 1 Stäbchen häkeln. 1 feste Masche, 4 Luftmaschen arbeiten. 1 Vierfachstäbchen und 1 Dreifachstäbchen in 1 Stäbchen arbeiten. 1 Doppelstäbchen, 1 Stäbchen, 1 feste Masche, 3 Luftmaschen häkeln. 2 Dreifachstäbchen und 1 Doppelstäbchen in 1 Stäbchen häkeln. 1 Stäbchen, 1 feste Masche, 3 Luftmaschen arbeiten. 2 Dreifachstäbchen und 1 Doppelstäbchen in 1 Stäbchen häkeln. 1 Stäbchen, 1 feste Masche, 3 Luftmaschen arbeiten. 2 Dreifachstäbchen und 1 Doppelstäbchen in 1 Stäbchen häkeln. 1 Stäbchen, 1 feste Masche, 3 Luftmaschen arbeiten. 2 Doppelstäbchen in 1 Stäbchen häkeln. 1 Stäbchen, 1 feste Masche, 3 Luftmaschen arbeiten. 2 Doppelstäbchen in 1 Stäbchen, 1 Stäbchen, dann 1 Stäbchen und 1 feste Masche in 1 Stäbchen häkeln und am Seitenrand 13 Kettmaschen häkeln.

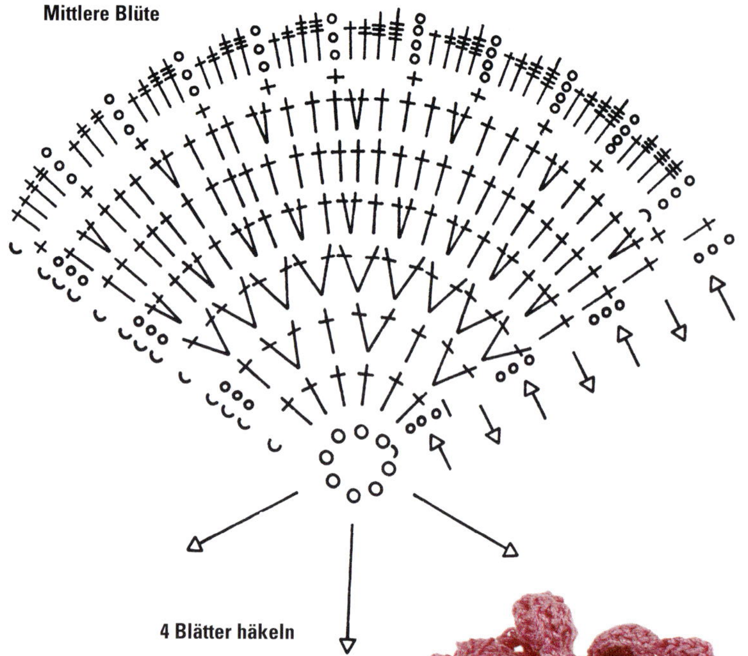

KLEINE BLÜTE

Anschlag:
8 Luftmaschen arbeiten und mit 1 Kettmasche schließen.

1. Reihe:
3 Luftmaschen arbeiten und 7 Stäbchen in den Ring häkeln.

2. Reihe:
3 Luftmaschen arbeiten, 3-mal 2 Stäbchen in je 1 Stäbchen häkeln, 1 Stäbchen in 1 Stäbchen häkeln und wieder 3-mal 2 Stäbchen in je 1 Stäbchen häkeln.

3. Reihe:
3 Luftmaschen, 6-mal 2 Stäbchen in je 1 Stäbchen häkeln, 3 Stäbchen in 1 Stäbchen häkeln und wieder 6-mal 2 Stäbchen in je 1 Stäbchen arbeiten.

4. Reihe:
3 Luftmaschen häkeln, 1 Stäbchen, 2 Stäbchen in 1 Stäbchen arbeiten. Ab hier abwechselnd bis zum Ende des Blattes 3 Stäbchen, 2 Stäbchen in 1 Stäbchen häkeln, mit 1 Stäbchen enden.

5. Reihe = Rand:
Der Rand wird wie bei der mittleren Blüte gehäkelt, am Seitenrand 9 Kettmaschen häkeln.

Es werden 3 Blütenblätter gehäkelt.

Kleine Blüte

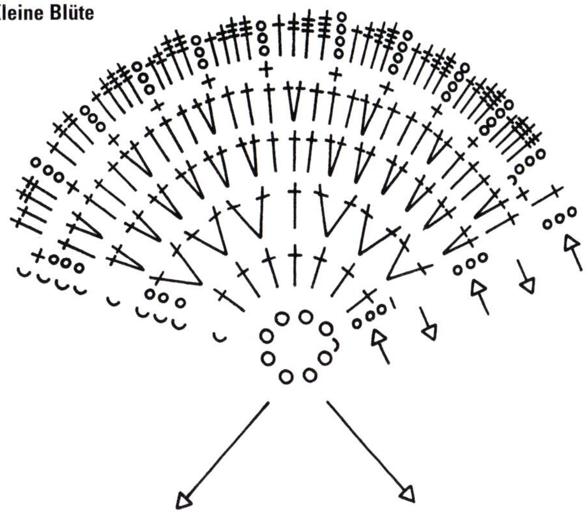

GROSSE KNOSPE

Anschlag:
8 Luftmaschen arbeiten und mit 1 Kettmasche schließen.

1. Runde:
3 Luftmaschen arbeiten und 18 Stäbchen in den Kreis häkeln, mit 1 Kettmasche schließen.

2. Runde:
3 Luftmaschen arbeiten, anschließend abwechselnd 2 Stäbchen und 1 Stäbchen in je 1 Stäbchen häkeln, mit 1 Kettmasche schließen.

3. Runde:
3 Luftmaschen arbeiten, anschließend abwechselnd 2 Stäbchen und 1 Stäbchen in je 1 Stäbchen häkeln, mit 1 Kettmasche schließen.

4. Runde:
3 Luftmaschen arbeiten und in jedes Stäbchen 1 Stäbchen häkeln, mit 1 Kettmasche schließen.

5. Runde:
3 Luftmaschen arbeiten, anschließend abwechselnd bis zum Ende der Runde 1 Reliefstäbchen und 1 Stäbchen häkeln, mit 1 Kettmasche schließen.

6. Runde:
3 Luftmaschen arbeiten und in jedes Stäbchen 1 Stäbchen häkeln.

Ab der 7. Reihe wird jedes der 3 Blätter einzeln gehäkelt.

7. Reihe:
3 Luftmaschen arbeiten und 9 Stäbchen in die Stäbchen häkeln.

8. Reihe:
3 Luftmaschen arbeiten und in jedes Stäbchen 2 Stäbchen häkeln.

9. Reihe:
3 Luftmaschen arbeiten und in jedes Stäbchen 1 Stäbchen häkeln.

10. Reihe = Rand:
3 Luftmaschen häkeln, 1 Stäbchen, 2 Doppelstäbchen und 1 Stäbchen in 1 Stäbchen arbeiten, 1 feste Masche, 3 Luftmaschen, 2 Dreifachstäbchen in 1 Stäbchen arbeiten, 1 Stäbchen, 1 feste Masche, 3 Luftmaschen, 2 Vierfachstäbchen in 1 Stäbchen häkeln, 2 Dreifachstäbchen in 1 Stäbchen häkeln, 1 Doppelstäbchen, 1 Stäbchen, 1 feste Masche, 3 Luftmaschen, 2 Dreifachstäbchen in 1 Stäbchen häkeln, 1 Doppelstäbchen und 1 Stäbchen in 1 Stäbchen arbeiten, 1 feste Masche, 3 Luftmaschen, 3 Vierfachstäbchen in 1 Stäbchen, 2 Dreifachstäbchen in 1 Stäbchen, 2 Stäbchen in 1 Stäbchen, 1 Stäbchen und 1 feste Masche in 1 Stäbchen häkeln.

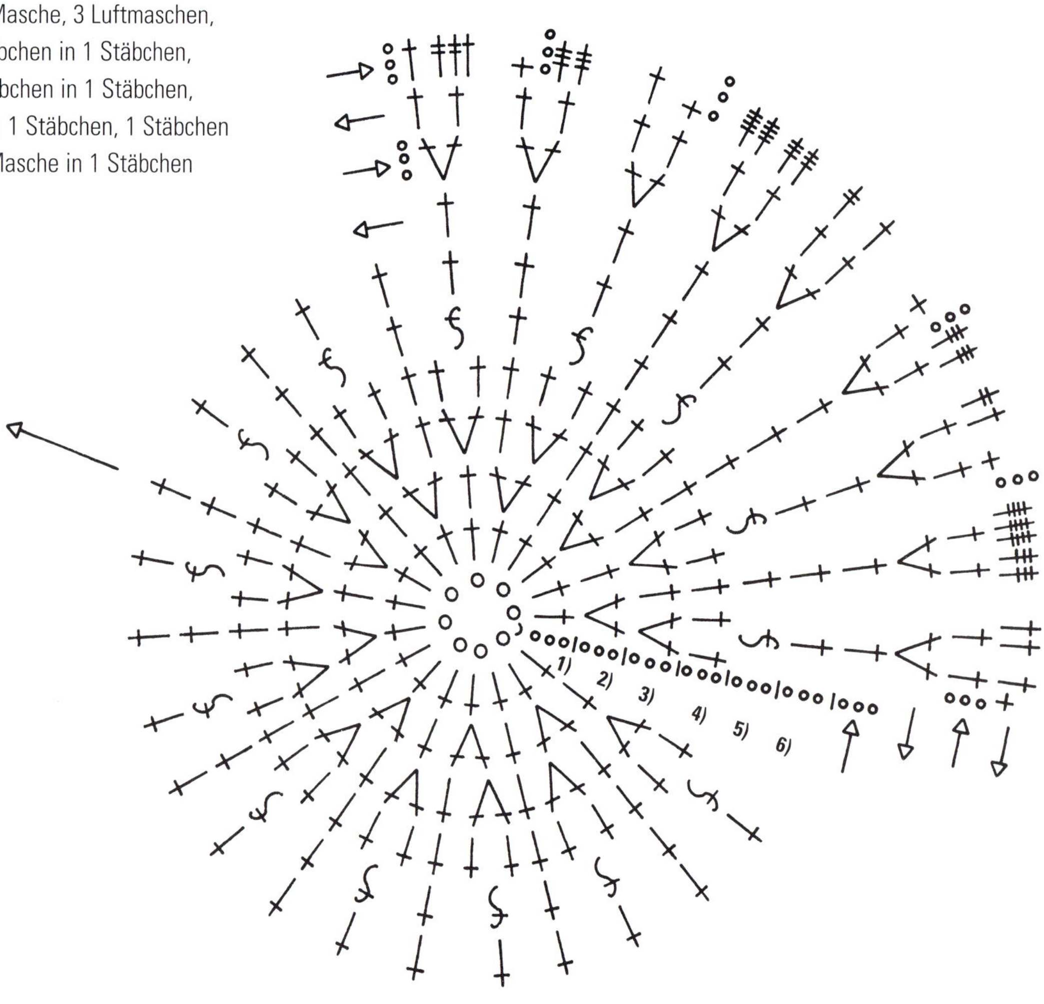

ab der sechsten Runde jedes Blatt einzeln häkeln

Stockmalve

KLEINE KNOSPE

Anschlag:
8 Luftmaschen arbeiten und mit 1 Kettmasche schließen.

1. Runde:
* 10 Luftmaschen und 3 Wendemaschen arbeiten, in die 10 Luftmaschen werden 6 Dreifachstäbchen, 2 Doppelstäbchen und 2 Stäbchen gehäkelt, in den Ring 1 feste Masche arbeiten. Ab * noch 4-mal wiederholen, 1 feste Masche häkeln und mit 1 Luftmasche schließen.

Es werden 5 Knospenblätter gehäkelt.

MATERIAL:
Baumwollgarn Coats Floretta
Farbnummern: 4417, 4418
Stärke: Nr. 10
Nadelstärke: Nr. 1

TIPP:
Damit die Blume so echt wie möglich wirkt, sollte man verschiedene Farbtöne verwenden. Häkeln Sie beispielsweise die Blüten in einem dunkleren Farbton als die Knospen.

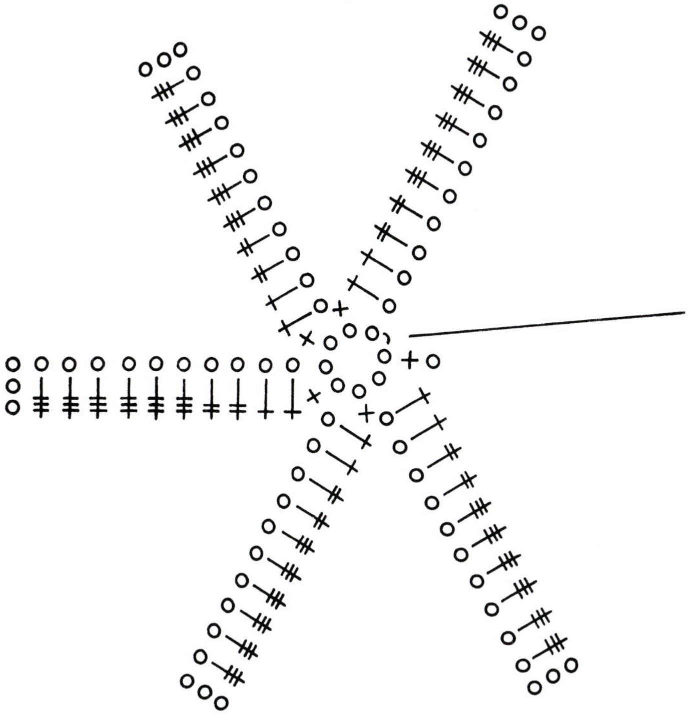

5 Blütenblätter häkeln

Blütenherz mit Orchidee

GROSSES BLATT

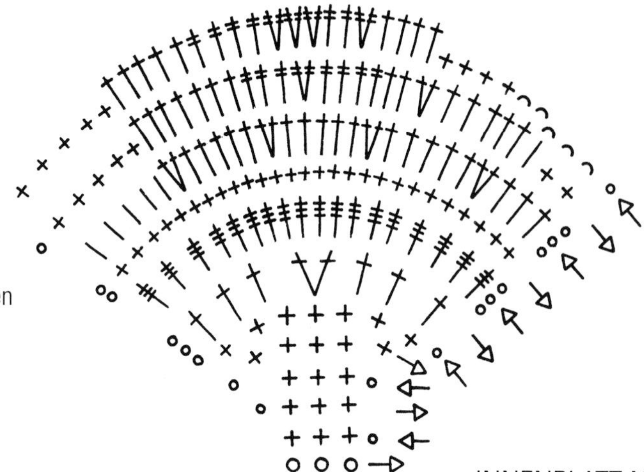

Anschlag:
3 Luftmaschen und 1 Wendemasche häkeln.

1. Reihe:
3 feste Maschen in die Luftmaschen arbeiten, 1 Wendemasche häkeln.

2. und 3. Reihe:
wie 1. Reihe

4. Reihe:
1 Luftmasche, 2 feste Maschen in 1 Masche häkeln, 1 feste Masche und wieder 2 feste Maschen in 1 Masche häkeln.

5. Reihe:
1 Luftmasche, 2 feste Maschen in 1 Masche häkeln, 3 feste Maschen und wieder 2 feste Maschen in 1 Masche häkeln.

6. Reihe:
3 Luftmaschen, 3 Stäbchen, 2 Stäbchen in 1 feste Masche und 3 Stäbchen arbeiten.

7. Reihe:
3 Luftmaschen, 3 Dreifachstäbchen in 1 Stäbchen, 1 Dreifachstäbchen, wieder 3 Dreifachstäbchen in 1 Stäbchen, 2 Dreifachstäbchen in 1 Stäbchen, 2-mal 3 Dreifachstäbchen in je 1 Stäbchen, 1 Dreifachstäbchen und 2 Dreifachstäbchen in 1 Stäbchen häkeln.

8. Reihe:
2 Luftmaschen und in jedes Dreifachstäbchen 1 feste Masche häkeln.

9. Reihe:
3 Luftmaschen, 3 Stäbchen, 2 Stäbchen in 1 Stäbchen, 5 Stäbchen, 2 Stäbchen in 1 Stäbchen, 5 Stäbchen, 2 Stäbchen in 1 Stäbchen, wieder 5 Stäbchen, 2 Stäbchen in 1 Stäbchen und 5 halbe Stäbchen häkeln.

10. Reihe:
1 Luftmasche, 5 feste Maschen, 7 Stäbchen, 3 Doppelstäbchen, 2 Doppelstäbchen in 1 Stäbchen, 4 Doppelstäbchen, 2 Stäbchen, 2 Stäbchen in 1 Stäbchen, 5 Stäbchen, 1 halbes Stäbchen und 2 feste Maschen arbeiten.

11. Reihe:
1 Luftmasche, 5 Kettmaschen, 4 feste Maschen, 4 Stäbchen, 2 Doppelstäbchen in 1 Stäbchen, 2 Doppelstäbchen, 3-mal 2 Doppelstäbchen in je 1 Stäbchen, 4 Doppelstäbchen, 5 Stäbchen und 5 feste Maschen arbeiten.

Das große Blatt wird 2-mal gehäkelt.

INNENBLATT NR. 1

Anschlag:
3 Luftmaschen und 2 Wendemaschen arbeiten.

1. Reihe:
In die 3 Luftmaschen 3 feste Maschen häkeln.

2. bis 4. Reihe:
2 Luftmaschen und wieder 3 feste Maschen arbeiten.

5. Reihe:
2 Luftmaschen, 2 feste Maschen in 1 feste Masche der Vorreihe, 1 feste

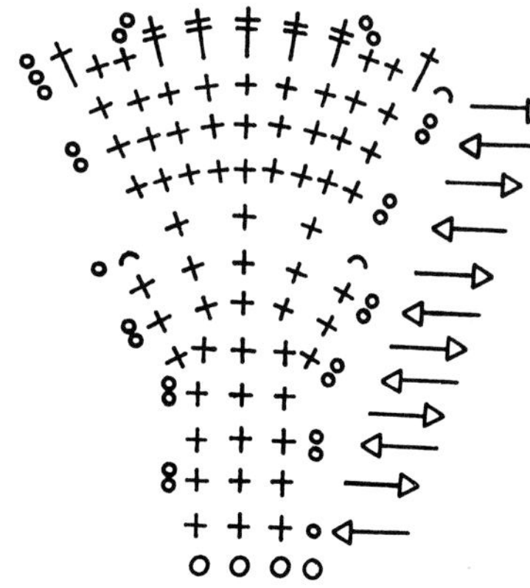

Innenblatt Nr. 1

Blütenherz mit Orchidee

Masche und wieder 2 feste Maschen in 1 feste Masche der Vorreihe arbeiten.

6. Reihe:
2 Luftmaschen und 5 feste Maschen in die 5 festen Maschen der Vorreihe arbeiten.

7. Reihe:
wie 6. Reihe

8. Reihe:
1 Luftmasche, 1 Kettmasche, 3 feste Maschen und 1 Kettmasche in die festen Maschen der Vorreihe arbeiten.

9. Reihe:
2 Luftmaschen, 3-mal 3 feste Maschen in je 1 feste Masche arbeiten.

10. und 11. Reihe:
2 Luftmaschen und in jede feste Masche der Vorreihe 1 feste Masche häkeln.

12. Reihe = Rand:
3 Luftmaschen, 1 Stäbchen und 1 feste Masche in 1 feste Masche, 1 feste Masche, 2 Luftmaschen, 5 Doppelstäbchen, 2 Luftmaschen, 1 feste Masche und wieder 1 feste Masche und 1 Stäbchen in 1 feste Masche der Vorreihe arbeiten, mit 1 Kettmasche schließen.

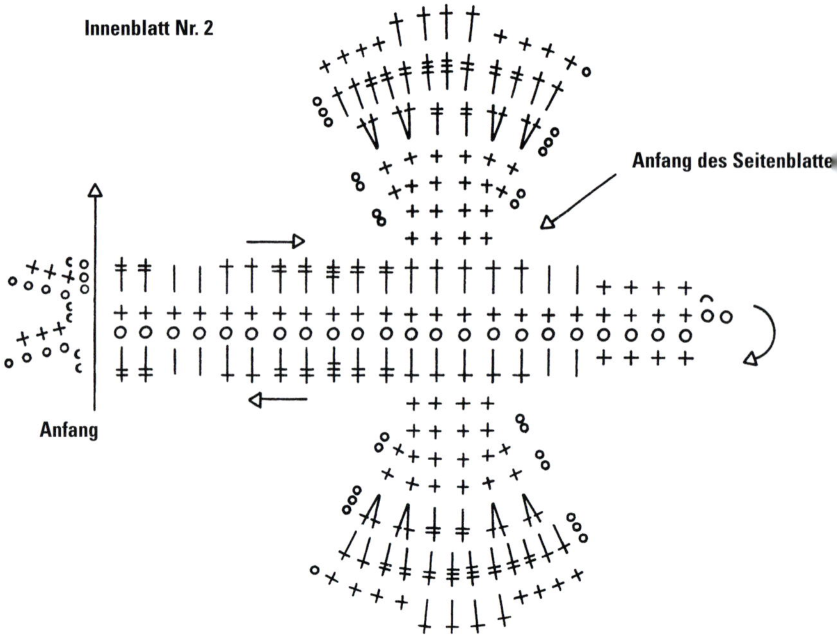

INNENBLATT NR. 2

Anschlag:
22 Luftmaschen und 1 Wendemasche arbeiten.

1. Reihe:
In die 22 Luftmaschen je 1 feste Masche häkeln.

2. Reihe:
3 Luftmaschen, 2 Doppelstäbchen, 2 halbe Stäbchen, 2 Stäbchen, 2 Doppelstäbchen, 1 Dreifachstäbchen, 2 Doppelstäbchen, 5 Stäbchen, 2 halbe Stäbchen, 4 feste Maschen, 1 Kettmasche in die Wendemasche arbeiten. 1 Luftmasche häkeln und auf der anderen Seite der Luftmaschenreihe 4 feste Maschen, 2 halbe Stäbchen, 5 Stäbchen, 2 Doppelstäbchen, 1 Dreifachstäbchen, 2 Doppelstäbchen, 2 Stäbchen, 2 halbe Stäbchen und 2 Doppelstäbchen arbeiten.

Rand:
2 Kettmaschen, dann 3 Luftmaschen und 1 Wendemasche häkeln, in die 3 Luftmaschen 3 feste Maschen arbeiten. Wieder 2 Kettmaschen, 3 Luftmaschen und 1 Wendemasche häkeln, in die 3 Luftmaschen 3 feste Maschen häkeln und mit 1 Kettmasche schließen.

SEITENTEIL

Anschlag:
In die 4 Stäbchen werden, wie in der Häkelschrift zu sehen, 4 feste Maschen gearbeitet.

1. Reihe:
2 Luftmaschen und 4 feste Maschen in die festen Maschen der Vorreihe häkeln.

2. Reihe:
2 Luftmaschen, in die 1. und 4. Masche je 2 feste Maschen in 1 feste Masche arbeiten, dazwischen 2 feste Maschen häkeln.

3. Reihe:
2 Luftmaschen und in jede feste Masche der Vorreihe 1 feste Masche häkeln.

4. Reihe:
3 Luftmaschen, 2-mal 2 Stäbchen in je 1 feste Masche, 2 Doppelstäbchen, wieder 2-mal 2 Stäbchen in 1 feste Masche arbeiten.

5. Reihe:
3 Luftmaschen, 2 Stäbchen in 1 Stäbchen, 3 Doppelstäbchen in je 1 Stäbchen, 2 Dreifachstäbchen in 1 Stäbchen, 3 Doppelstäbchen und 2 Stäbchen arbeiten.

6. Reihe:
1 Luftmasche, 4 feste Maschen, 4 Stäbchen und wieder 4 feste Maschen häkeln.

Blütenherz mit Orchidee

AUSSENBLÄTTER

Anschlag:
6 Luftmaschen arbeiten und mit 1 Kettmasche schließen.

1. Runde:
2 Luftmaschen und 12 feste Maschen in den Ring häkeln, mit 1 Kettmasche schließen.

2. Runde:
1 feste Masche in die erste feste Masche häkeln, * 15 Luftmaschen und 3 Wendemaschen häkeln. In die 15 Luftmaschen werden 9 Doppelstäbchen, 3 Stäbchen und 3 feste Maschen gehäkelt. In die 2. feste Masche (aus Runde 1) 1 Kettmasche arbeiten, dann in die 3., 4. und 5. feste Masche je 1 feste Masche häkeln, bevor mit dem 2. Blatt begonnen wird.
Ab * noch 2-mal wiederholen. Am Ende der Runde mit 1 Kettmasche schließen.

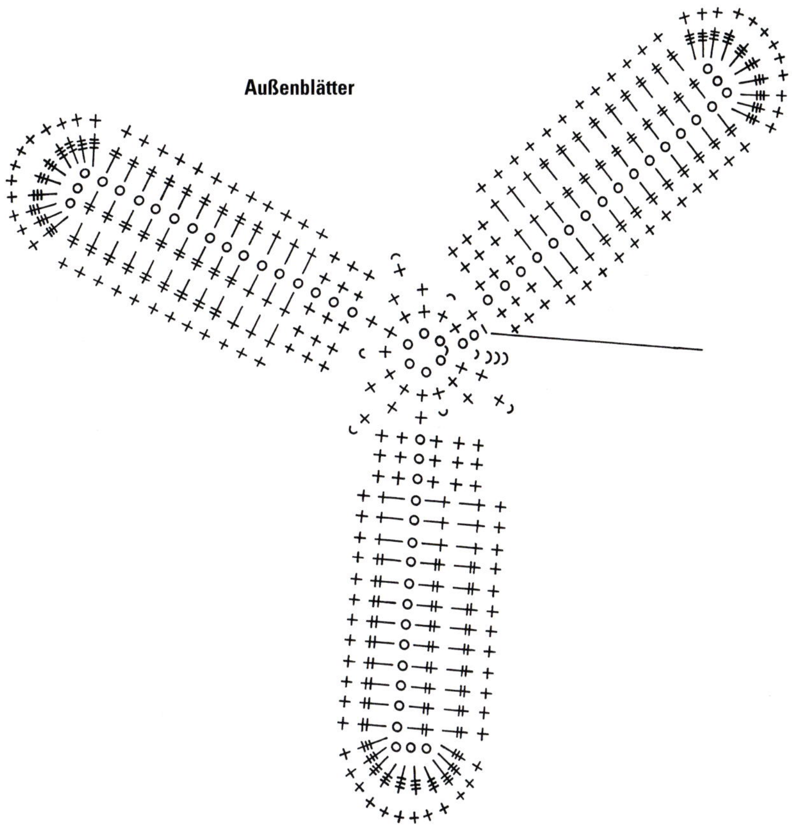

3. Runde:
* Von unten kommend 3 feste Maschen, 3 Stäbchen, 9 Doppelstäbchen arbeiten. In die Wendemaschen werden 10 Dreifachstäbchen gearbeitet. Dann 9 Doppelstäbchen, 3 Stäbchen und 3 feste Maschen häkeln.
In den Übergang zwischen den Blättern wird jeweils 1 feste Masche zwischen die beiden festen Maschen der Vorrunde gearbeitet.
Ab * noch 2-mal wiederholen. Am Ende der Runde mit 1 Kettmasche schließen.

4. Runde:
Von unten kommend in jede Masche 1 feste Masche häkeln. In die feste Masche zwischen den Blättern wird 1 Kettmasche gearbeitet. Am Ende mit 1 Kettmasche schließen.

Die fertige Orchideenblüte wird zusammen mit einem weißen Schleifenband, einer Kordel und einigen künstlichen Blättern auf einem Herz aus Weidengeflecht arrangiert.

MATERIAL:
Baumwollgarn Coats Floretta
Farbnummer: 4400
Stärke: Nr. 10
Nadelstärke: Nr. 1

GROSSER REGENBOGEN

Anschlag:
81 Luftmaschen und 3 Wendemaschen arbeiten.

1. Reihe:
3 Luftmaschen arbeiten und in jede Luftmasche 1 Stäbchen häkeln (gelb).

2. Reihe:
3 Luftmaschen häkeln und ins 1., 11., 21., 31., 41., 51., 61., 71. und 81. Stäbchen je 2 Stäbchen arbeiten, dazwischen jeweils 9 Stäbchen häkeln (orange).

3. Reihe:
3 Luftmaschen und 41 Stäbchen häkeln, dann 8-mal 2 Stäbchen in 1 Stäbchen arbeiten und wieder 41 Stäbchen häkeln (rot).

4. Reihe:
3 Luftmaschen und 41 Stäbchen arbeiten, 16-mal 2 Stäbchen in 1 Stäbchen häkeln, wieder 41 Stäbchen arbeiten (grün).

5. Reihe:
3 Luftmaschen arbeiten und in jedes Stäbchen 1 Stäbchen häkeln (blau). In diese Reihe wird ein Blumendraht mit eingearbeitet.

Am Ende drehen Sie den Bogen um und arbeiten in die Luftmaschenreihe ebenfalls einen Blumendraht mit festen Maschen ein.

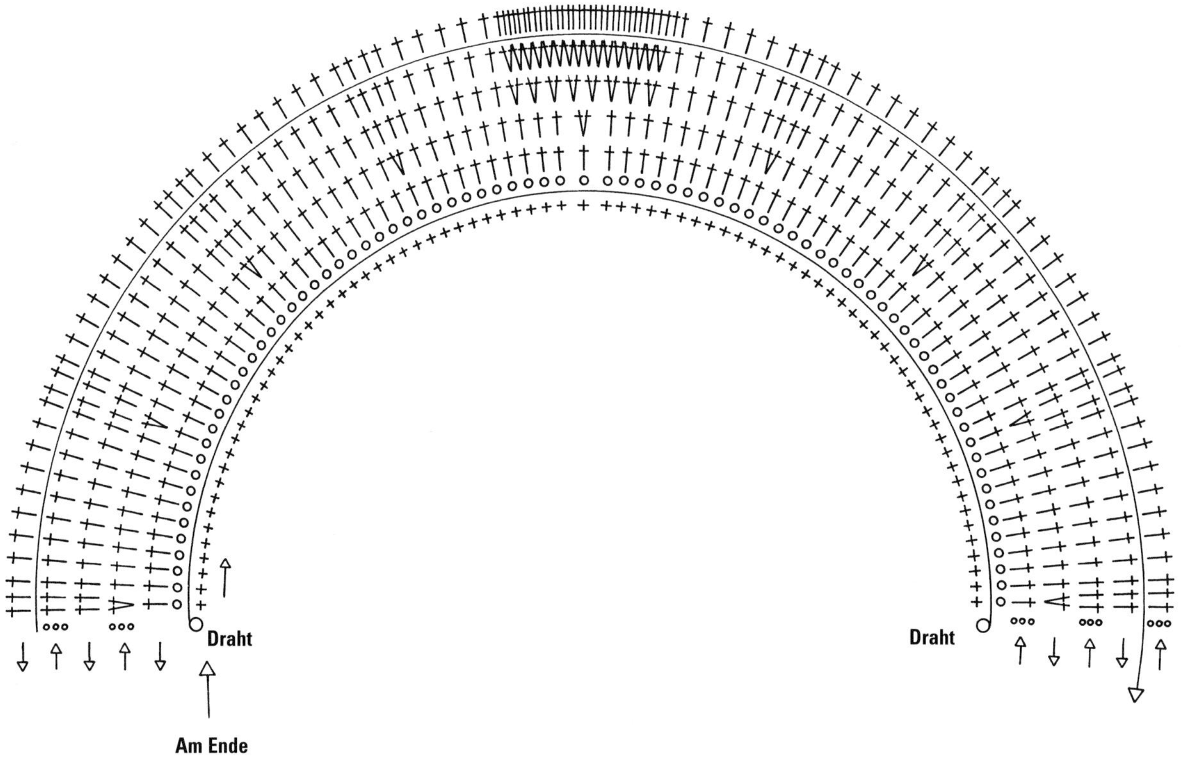

Regenbogen-Mobile

KLEINER REGENBOGEN

Anschlag:
50 Luftmaschen und 3 Wendemaschen arbeiten (gelb).

1. Reihe:
In die 50 Luftmaschen je 1 Stäbchen häkeln (gelb).

2. Reihe:
3 Luftmaschen und 10 Stäbchen arbeiten, 2 Stäbchen in 1 Stäbchen häkeln, 9 Stäbchen arbeiten, 2 Stäbchen in 1 Stäbchen häkeln, wieder 9 Stäbchen arbeiten, 2 Stäbchen in 1 Stäbchen häkeln und 9 Stäbchen arbeiten (orange).

3. Reihe:
3 Luftmaschen und 25 Stäbchen arbeiten, in die nächsten 4 Stäbchen je 2 Stäbchen in 1 Stäbchen häkeln und wieder 25 Stäbchen häkeln (rot).

4. Reihe:
3 Luftmaschen arbeiten, 25 Stäbchen häkeln, in die nächsten 8 Stäbchen je 2 Stäbchen in 1 Stäbchen arbeiten und wieder 25 Stäbchen häkeln (grün).

5. Reihe:
3 Luftmaschen und in jedes Stäbchen 1 Stäbchen häkeln (blau).
In die 5. Reihe wird wieder ein Blumendraht eingearbeitet.

Am Ende wird der Bogen umgedreht und ebenfalls ein Blumendraht mit festen Maschen eingearbeitet.

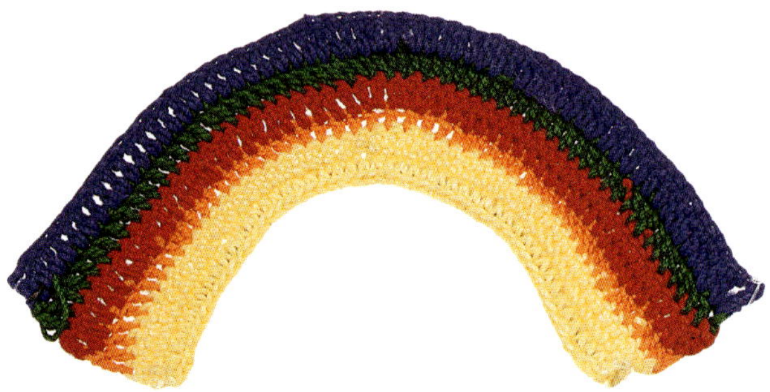

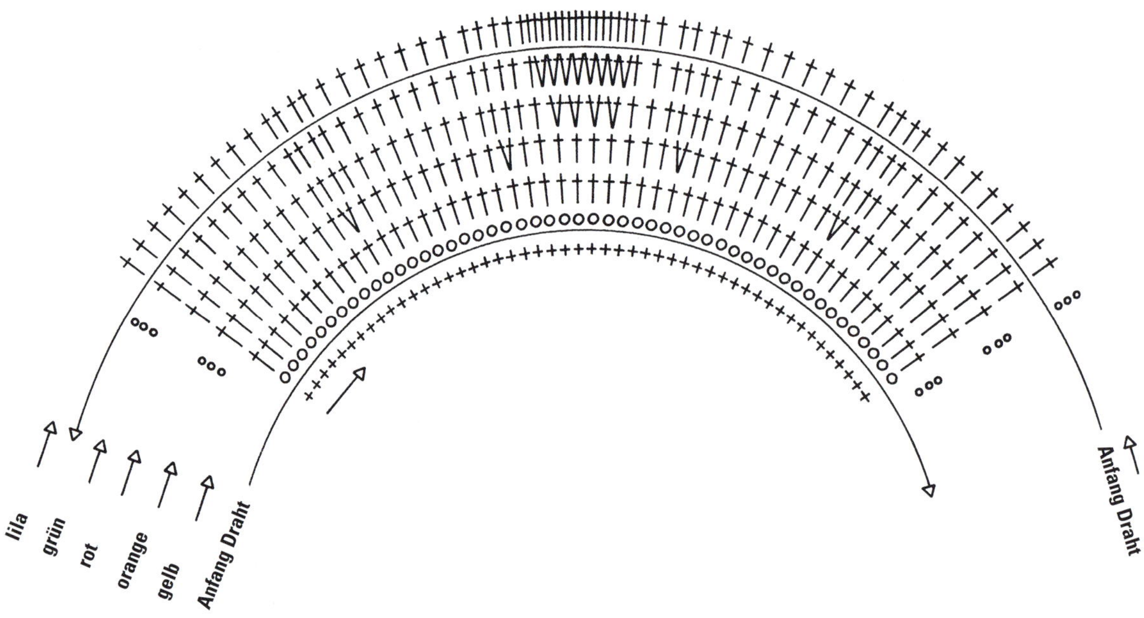

Regenbogen-Mobile

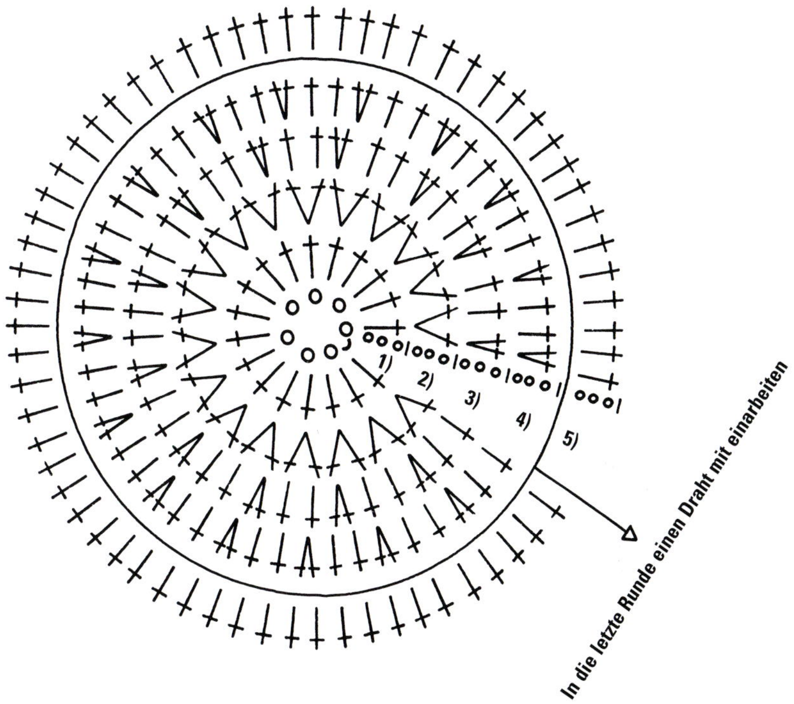

KREIS

Anschlag:
7 Luftmaschen arbeiten und mit 1 Kettmasche schließen (gelb).

1. Runde:
3 Luftmaschen arbeiten und in den Ring 18 Stäbchen arbeiten, mit 1 Kettmasche schließen (gelb).

2. Runde:
3 Luftmaschen häkeln und in jedes Stäbchen 2 Stäbchen arbeiten, mit 1 Kettmasche schließen (orange).

3. Runde:
3 Luftmaschen arbeiten, 2 Stäbchen und 2 Stäbchen in je 1 Stäbchen abwechselnd bis zum Ende der Runde häkeln, mit 1 Kettmasche schließen (rot).

4. Runde:
wie 3. Runde (grün)

5. Runde:
Hier wird ein Blumendraht mit eingearbeitet.
3 Luftmaschen und in jedes Stäbchen der Vorrunde 1 Stäbchen arbeiten, mit 1 Kettmasche schließen (blau).

BLÜTE

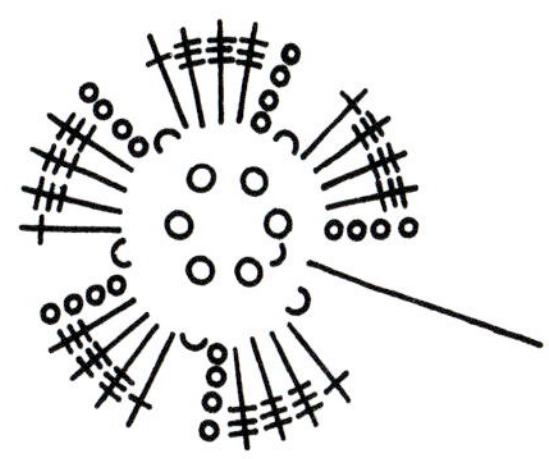

Anschlag:
6 Luftmaschen arbeiten und mit 1 Kettmasche schließen.

1. Runde:
* 4 Luftmaschen, 3 Dreifachstäbchen und 1 Stäbchen arbeiten. In den Ring 1 Kettmasche häkeln.
Ab * noch 4-mal wiederholen und mit 1 Kettmasche schließen.

Wenn alle Teile fertig gestellt sind, verbinden Sie sie, wie auf dem Foto zu sehen, mit Nylonschnur.

MATERIAL:
Baumwollgarn Coats Floretta
Farbnummern: 4403, 4405, 4411, 4424, 4425
Stärke: Nr. 10
Nadelstärke: Nr. 1–1,5

TIPP:
Geben Sie Puderzucker in eine Schale mit Wasser, warten Sie kurz, bis sich der Zucker aufgelöst hat und legen Sie die Einzelteile hinein. Anschließend auf einem Tuch trocknen lassen.

Sonnen-Mobile

GROSSE SONNE

Anschlag:
5 Luftmaschen arbeiten, mit 1 Kettmasche schließen.

1. Runde:
3 Luftmaschen arbeiten und in den Ring 18 Stäbchen häkeln.

2. Runde:
3 Luftmaschen arbeiten und in die 18 Stäbchen der Vorrunde je 2 Stäbchen häkeln.

3. Runde:
3 Luftmaschen häkeln und abwechselnd bis zum Ende der Runde 2 Stäbchen in 1 Stäbchen sowie 1 Stäbchen in 1 Stäbchen arbeiten, mit 1 Kettmasche schließen.

4. Runde:
3 Luftmaschen häkeln und abwechselnd bis zum Ende der Runde 1 Stäbchen sowie 2 Stäbchen in 1 Stäbchen arbeiten, mit 1 Kettmasche schließen.

5. Runde:
3 Luftmaschen arbeiten und in jedes Stäbchen 1 Stäbchen häkeln, mit 1 Kettmasche schließen.

6. Runde:
3 Luftmaschen arbeiten und abwechselnd bis zum Ende der Runde 2 Stäbchen in 1 Stäbchen sowie 1 Stäbchen in 1 Stäbchen häkeln, mit 1 Kettmasche schließen.

7. Runde:
3 Luftmaschen arbeiten und abwechselnd bis zum Ende der Runde 3 Stäbchen sowie 2 Stäbchen in 1 Stäbchen häkeln, mit 1 Kettmasche schließen.

8. Runde:
3 Luftmaschen arbeiten und in jedes Stäbchen 1 Stäbchen häkeln, mit 1 Kettmasche schließen.

9. Runde = Rand:
3 Luftmaschen arbeiten und in jedes Stäbchen 1 Stäbchen häkeln, dabei einen Blumendraht mit einarbeiten.

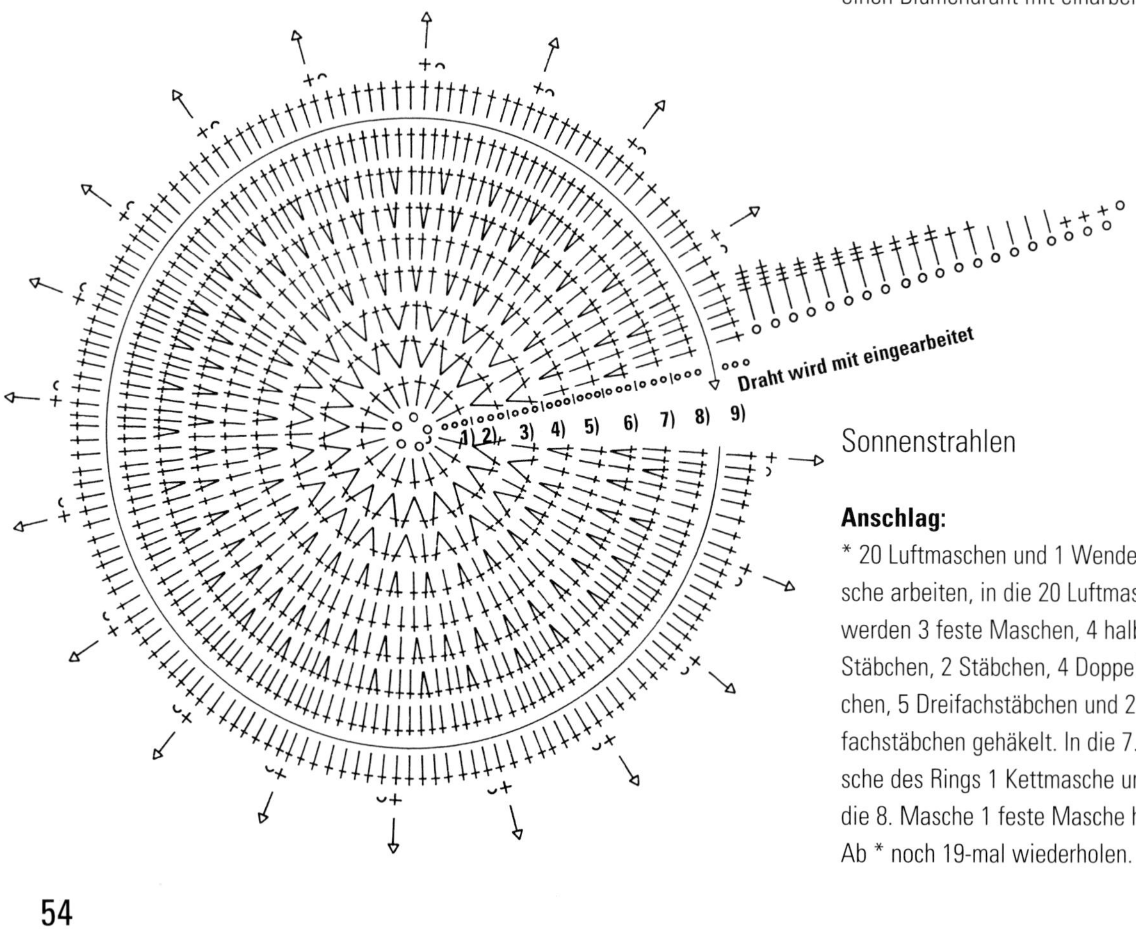

Sonnenstrahlen

Anschlag:
* 20 Luftmaschen und 1 Wendemasche arbeiten, in die 20 Luftmaschen werden 3 feste Maschen, 4 halbe Stäbchen, 2 Stäbchen, 4 Doppelstäbchen, 5 Dreifachstäbchen und 2 Vierfachstäbchen gehäkelt. In die 7. Masche des Rings 1 Kettmasche und in die 8. Masche 1 feste Masche häkeln. Ab * noch 19-mal wiederholen.

Sonnen-Mobile

KLEINE SONNE

Anschlag:
6 Luftmaschen arbeiten, mit 1 Kettmasche schließen.

1. Runde:
3 Luftmaschen und 15 Stäbchen in den Ring häkeln, mit 1 Kettmasche schließen.

2. Runde:
3 Luftmaschen arbeiten und in jedes Stäbchen 2 Stäbchen häkeln, mit 1 Kettmasche schließen.

3. Runde:
3 Luftmaschen arbeiten und abwechselnd 2 Stäbchen in 1 Stäbchen sowie 1 Stäbchen in 1 Stäbchen häkeln, mit 1 Kettmasche schließen.

4. Runde:
3 Luftmaschen und wieder abwechselnd 2 Stäbchen in 1 Stäbchen sowie 1 Stäbchen in 1 Stäbchen häkeln, mit 1 Kettmasche schließen.

5. Runde:
Hier wird ein Blumendraht mit eingearbeitet.
3 Luftmaschen arbeiten und in jedes Stäbchen der Vorrunde 1 Stäbchen häkeln, mit 1 Kettmasche schließen.

6. Runde = Rand:
* 12 Luftmaschen und 1 Wendemasche häkeln. In die 12 Luftmaschen werden 2 feste Maschen, 2 halbe Stäbchen, 2 Stäbchen, 3 Doppelstäbchen, 3 Dreifachstäbchen gearbeitet. In die 5. Masche des Rings 1 Kettmasche und in die 6. Masche 1 feste Masche häkeln. Ab * noch 13-mal wiederholen, mit 1 Kettmasche schließen.

MATERIAL:
Baumwollgarn Coats Floretta
Farbnummer: 4404
Stärke: Nr. 10
Nadelstärke: Nr. 1–1,5

BLUME

Anschlag:
5 Luftmaschen arbeiten und mit 1 Kettmasche schließen.

1. Runde:
* 4 Luftmaschen, 3 Dreifachstäbchen, 1 Stäbchen und 1 Kettmasche in den Ring häkeln.
Ab * noch 4-mal wiederholen.

Mehrere Blumen in verschiedenen Farben fertigen und mit einigen wenigen Stichen auf die Wiesen nähen.

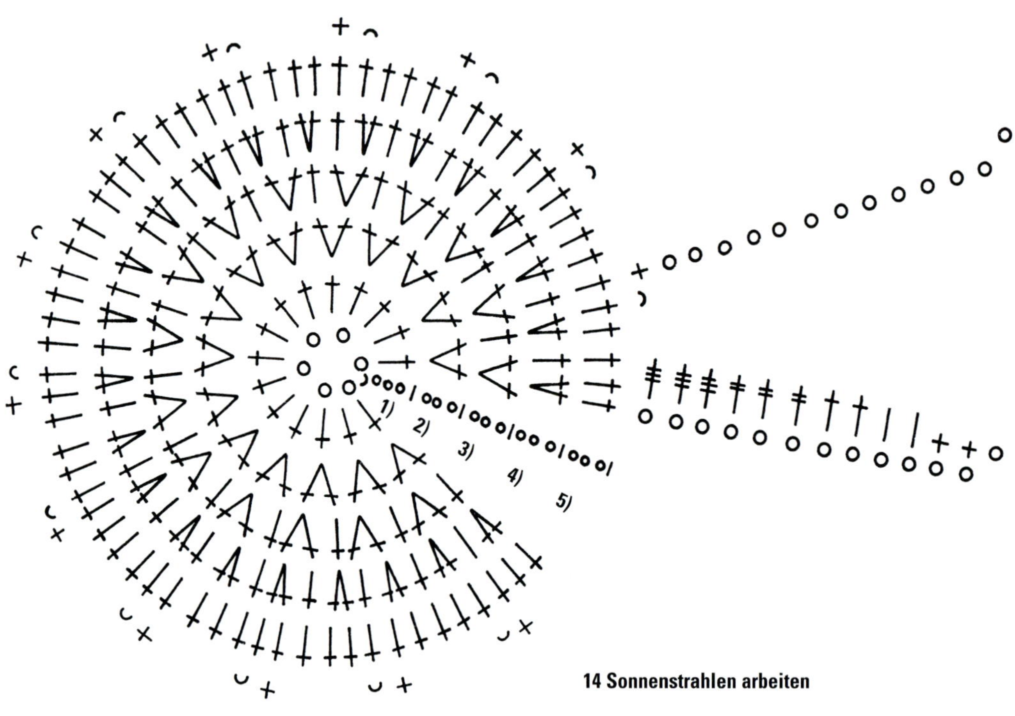

14 Sonnenstrahlen arbeiten

Sonnen-Mobile

KLEINE WIESE

Anschlag:
20 Luftmaschen und 3 Wendemaschen arbeiten.

1. Reihe:
In die 20 Luftmaschen werden 20 Doppelstäbchen gehäkelt.

2. Reihe:
3 Luftmaschen und wieder 20 Doppelstäbchen in die Doppelstäbchen der Vorreihe häkeln.

3. Reihe:
Hier wird ein Blumendraht mit eingearbeitet.
2 Luftmaschen arbeiten und in die 20 Doppelstäbchen der Vorreihe 20 feste Maschen häkeln, mit 1 Luftmasche schließen.

Die kleine Wiese wird 2-mal gehäkelt.

GROSSE WIESE

Anschlag:
40 Luftmaschen und 3 Wendemaschen arbeiten.

1. Reihe:
In die 40 Luftmaschen werden 40 Doppelstäbchen gehäkelt.

2. und 3. Reihe:
In die 40 Doppelstäbchen der Vorreihe werden wieder 40 Doppelstäbchen gearbeitet, wobei in der 3. Reihe wieder ein Blumendraht mit eingearbeitet wird.

Die große Wiese wird nur 1-mal gehäkelt.

Die Einzelteile werden, wie auf dem Foto zu sehen, mit Nylonschnur verbunden und an ein mit Schleifenband und Bast verziertes Weidengeflecht gehängt.

MATERIAL:
Bauwollgarn Coats Floretta
Farbnummer: 4403, 4411, 4424, 4425
Stärke: Nr. 10
Nadelstärke: Nr. 1

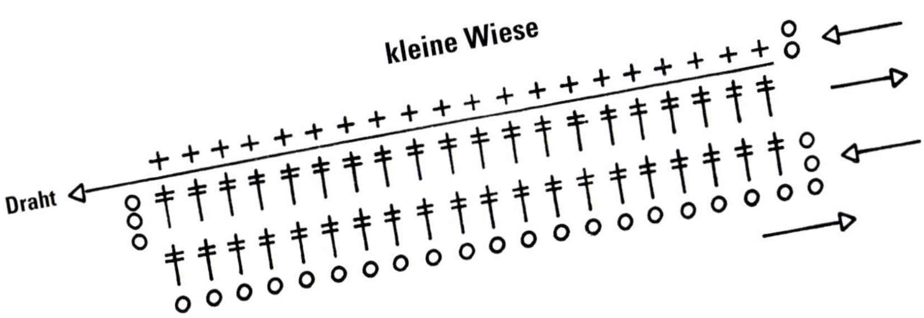

Blumen

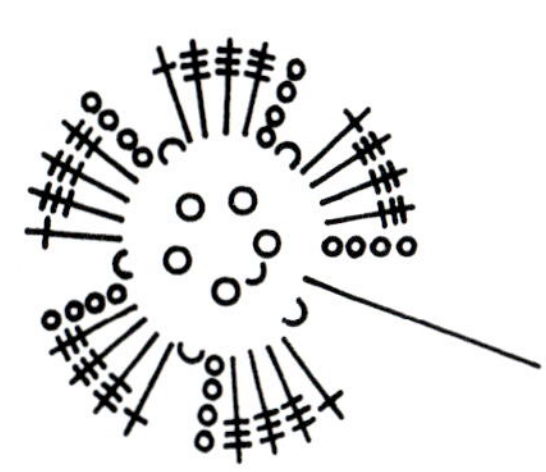

große Wiese

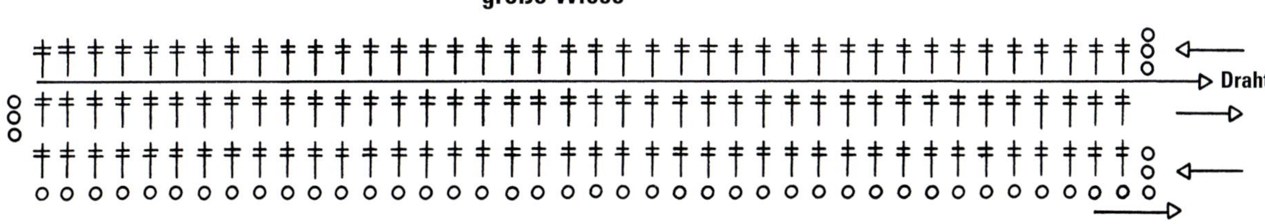

GROSSER KORB

Anschlag:
20 Luftmaschen und 3 Wendemaschen häkeln.

1. und 2. Reihe:
In die 20 Luftmaschen 20 Doppelstäbchen arbeiten.

3. und 4. Reihe:
In jedes Doppelstäbchen 1 feste Masche häkeln.

5. und 6. Reihe:
3 Luftmaschen häkeln, in die ersten beiden Maschen der Vorreihe je 2 Dreifachstäbchen arbeiten, danach in jede Masche 1 Dreifachstäbchen häkeln und in die letzten beiden Maschen wieder je 2 Dreifachstäbchen arbeiten.

7. Reihe:
In jedes Dreifachstäbchen 1 feste Masche arbeiten.

großer Korb

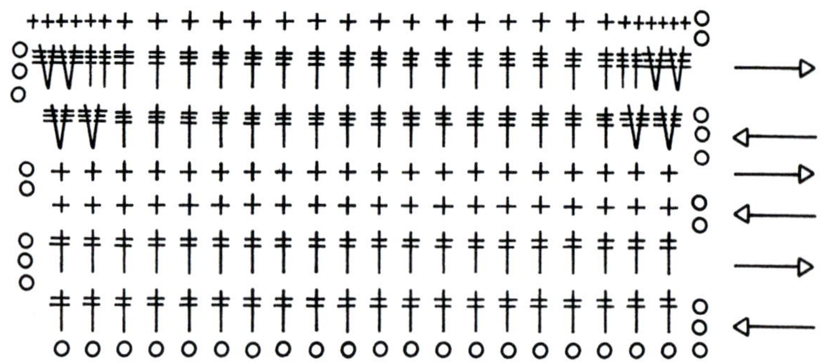

kleiner Korb

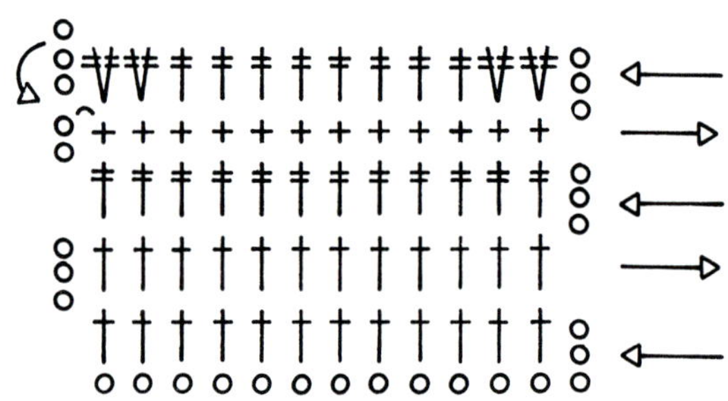

KLEINER KORB

Anschlag:
12 Luftmaschen und 3 Wendemaschen arbeiten.

1. Reihe:
In die 12 Luftmaschen werden 12 Stäbchen gearbeitet.

2. Reihe:
3 Luftmaschen arbeiten und wieder 12 Stäbchen in die Stäbchen der Vorreihe häkeln.

3. Reihe:
3 Luftmaschen häkeln und in jedes Stäbchen 1 Doppelstäbchen arbeiten.

4. Reihe:
2 Luftmaschen arbeiten und in jedes Doppelstäbchen 1 feste Masche häkeln.

5. Reihe:
3 Luftmaschen arbeiten, in die 1. und 2. feste Masche je 2 Doppelstäbchen häkeln, dann 8 Doppelstäbchen in je 1 feste Masche häkeln und in die vorletzte und letzte Masche wieder je 2 Doppelstäbchen arbeiten.

Zum Abschluss werden 3 Luftmaschen in die feste Masche der Vorreihe gehäkelt, mit 1 Kettmasche schließen.

Der kleine Korb wird 2-mal gehäkelt.

Ballon-Mobile

GROSSER BALLON

Anschlag:
8 Luftmaschen arbeiten, mit 1 Kettmasche schließen.

1. Runde:
3 Luftmaschen arbeiten, in den Ring 30 Doppelstäbchen häkeln, mit 1 Kettmasche schließen.

2. Runde:
3 Luftmaschen arbeiten, abwechselnd bis zum Ende der Runde 4 Doppelstäbchen sowie 2 Doppelstäbchen in 1 Stäbchen häkeln, mit 1 Kettmasche schließen.

3. Runde:
4 Luftmaschen und in jedes Doppelstäbchen der Vorrunde 2 Dreifachstäbchen häkeln, mit 1 Kettmasche schließen.

4. Runde:
4 Luftmaschen arbeiten, abwechselnd bis zum Ende der Runde 2 Dreifachstäbchen sowie 2 Dreifachstäbchen in 1 Dreifachstäbchen der Vorrunde arbeiten, mit 1 Kettmasche schließen.

5. Runde:
4 Luftmaschen arbeiten, abwechselnd bis zum Ende der Runde 1 Dreifachstäbchen sowie 2 Dreifachstäbchen in 1 Dreifachstäbchen der Vorrunde häkeln, mit 1 Kettmasche schließen.

6. Runde:
2 Luftmaschen häkeln und in jedes Dreifachstäbchen der Vorrunde 1 feste Masche arbeiten, mit 1 Kettmasche schließen.

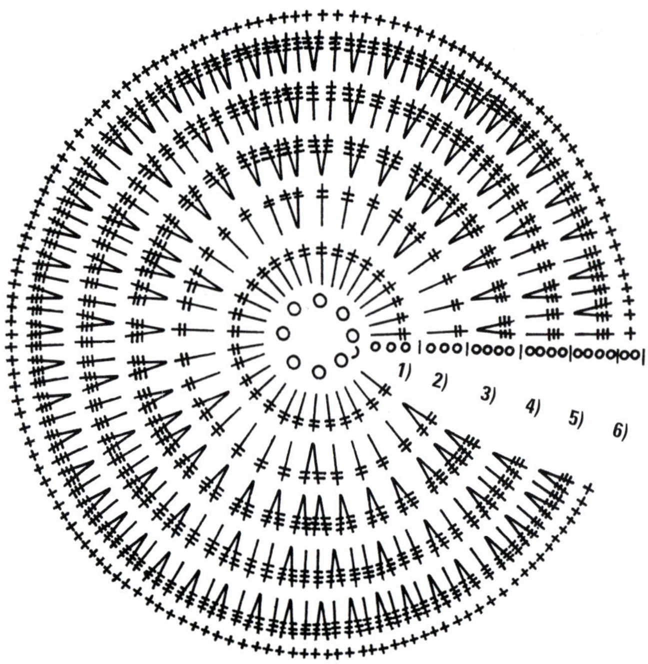

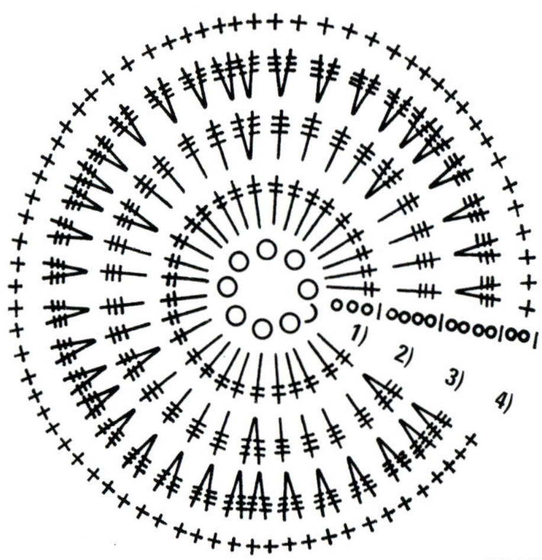

Der große Ballon wird durch 30 Luftmaschen mit dem großen Korb verbunden.

KLEINER BALLON

Anschlag:
8 Luftmaschen arbeiten und mit 1 Kettmasche schließen.

1. Runde:
3 Luftmaschen häkeln, in den Ring 30 Doppelstäbchen arbeiten und mit 1 Kettmasche schließen.

Ballon-Mobile

2. Runde:
4 Luftmaschen häkeln, abwechselnd bis zum Ende der Runde 4 Dreifachstäbchen sowie 2 Dreifachstäbchen in 1 Doppelstäbchen der Vorrunde arbeiten, mit 1 Kettmasche schließen.

3. Runde:
4 Luftmaschen häkeln und in jedes Dreifachstäbchen 2 Dreifachstäbchen arbeiten, mit 1 Kettmasche schließen.

4. Runde:
2 Luftmaschen arbeiten und in jedes Dreifachstäbchen 1 feste Masche häkeln, mit 1 Kettmasche schließen.

Der kleine Ballon wird 2-mal gehäkelt, die Verbindung mit dem kleinen Korb besteht aus 20 Luftmaschen.

BLATT

Anschlag:
9 Luftmaschen und 1 Wendemasche arbeiten.

1. Runde:
In die 9 Luftmaschen werden 3 feste Maschen, 2 Stäbchen, 1 Doppelstäbchen, 2 Stäbchen, 1 feste Masche, 3 Luftmaschen gearbeitet und auf der anderen Seite wieder 1 feste Masche, 2 Stäbchen, 1 Doppelstäbchen sowie 2 Stäbchen, 3 feste Maschen und 1 Kettmasche gehäkelt.

BLÜTEN

Es werden Schleierkraut- und Leinblüten verwendet (vgl. S. 33 u. 30).

Blätter und Blüten mit einigen wenigen Stichen auf die Körbe nähen.

Blatt

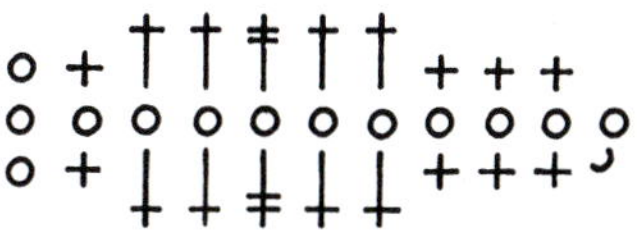

Wenn Sie die drei Ballons fertig gestellt haben, werden sie mit Schnüren an einem mit Schleifenband verzierten Weidengeflecht befestigt.

MATERIAL:
Baumwollgarn Coats Floretta
Farbnummern:
Ballon und Korb: 4401, 4426
Blätter: 4425
Blüten: 4400 sowie Spitzengarn Nr. 1295

Kerzenkränze

Kranz Nr. 1 besteht aus Rosenknospen, Schleierkraut und Lein (vgl. S. 33 u. 30).

ROSENKNOSPE

Innenblatt

Anschlag:
6 Luftmaschen arbeiten, mit 1 Kettmasche schließen.

1. Runde:
7 Luftmaschen und 1 Wendemasche arbeiten. In die 7 Luftmaschen werden 1 feste Masche, 1 halbes Stäbchen, 1 Stäbchen, 1 Doppelstäbchen, 1 Stäbchen und 2 feste Maschen gehäkelt, in den Ring 1 Kettmasche arbeiten. Ab * noch 3-mal wiederholen.

2. Runde:
Von unten kommend 2 feste Maschen, 1 Stäbchen, 1 Doppelstäbchen, 1 Stäbchen, 1 halbes Stäbchen, 1 feste Masche und 9 Kettmaschen arbeiten. Ab * noch 3-mal wiederholen.

Außenblatt

Anschlag:
6 Luftmaschen arbeiten, mit 1 Kettmasche schließen.

1. Runde:
9 Luftmaschen und 1 Wendemasche arbeiten. In die 9 Luftmaschen werden 1 feste Masche, 1 halbes Stäbchen, 2 Stäbchen, 2 Doppelstäbchen, 1 Stäbchen, 1 halbes Stäbchen und 1 feste Masche gehäkelt, anschließend 1 Kettmasche in den Ring arbeiten. Ab * 3-mal wiederholen.

2. Runde:
Von unten kommend 1 feste Masche, 1 halbes Stäbchen, 1 Stäbchen, 2 Doppelstäbchen, 2 Stäbchen, 1 halbes Stäbchen, 1 feste Masche und 11 Kettmaschen arbeiten. Ab * noch 3-mal wiederholen.

MATERIAL:
Baumwollgarn Coats Floretta
Farbnummern: 4400, 4413, 4414, 4423
Stärke: Nr. 10
Nadelstärke: Nr. 1

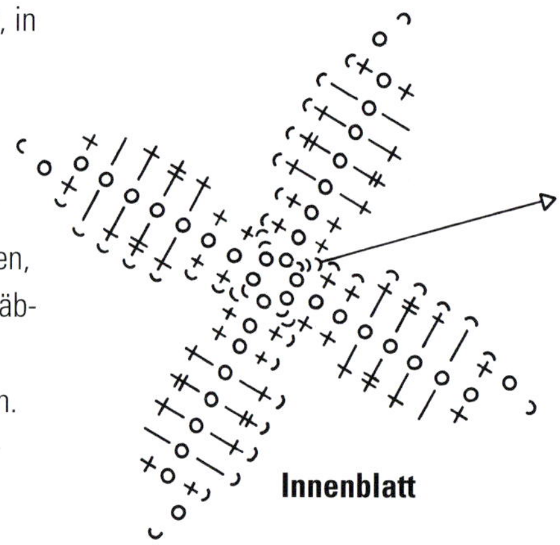

Innenblatt

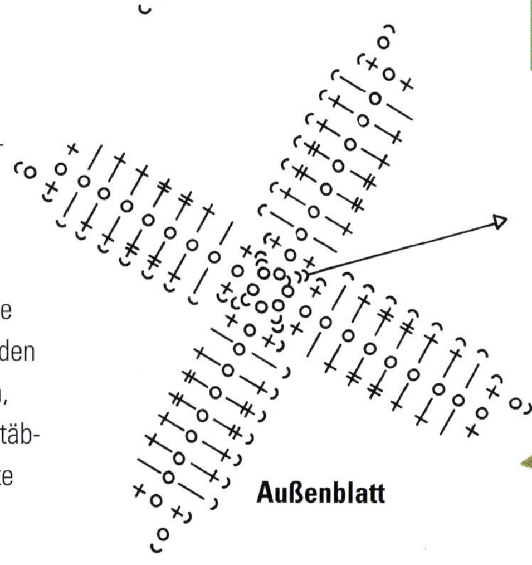

Außenblatt

Kranz Nr. 2 besteht aus Stiefmütterchen und Salomonssiegel (vgl. S. 38 u. 32).

MATERIAL:
Baumwollgarn Coats Floretta
Farbnummern: 4400, 4490
Stärke: Nr. 10
Nadelstärke: Nr. 1

Kranz Nr. 3 besteht aus Schleierkraut, Lein (vgl. S. 33 u. 30) und Glockenblumenknospen.

GLOCKENBLUMENKNOSPE

Anschlag:
6 Luftmaschen arbeiten, mit 1 Kettmasche schließen.

1. Runde:
3 Luftmaschen und 15 Stäbchen in den Ring häkeln, mit 1 Kettmasche schließen.

2. bis 4. Runde:
3 Luftmaschen häkeln, 15 Stäbchen in die Stäbchen der Vorrunde arbeiten und mit 1 Kettmasche schließen.

5. Runde:
3 Luftmaschen arbeiten, in jedes 2. Stäbchen der Vorrunde 1 Stäbchen häkeln, mit 1 Kettmasche schließen.

6. Runde:
3 Luftmaschen arbeiten und in jedes Stäbchen der Vorrunde 1 Stäbchen häkeln, mit 1 Kettmasche schließen.

7. Runde:
3 Luftmaschen häkeln, in jedes 2. Stäbchen der Vorrunde 1 Stäbchen arbeiten, mit 1 Kettmasche schließen.

Knospe

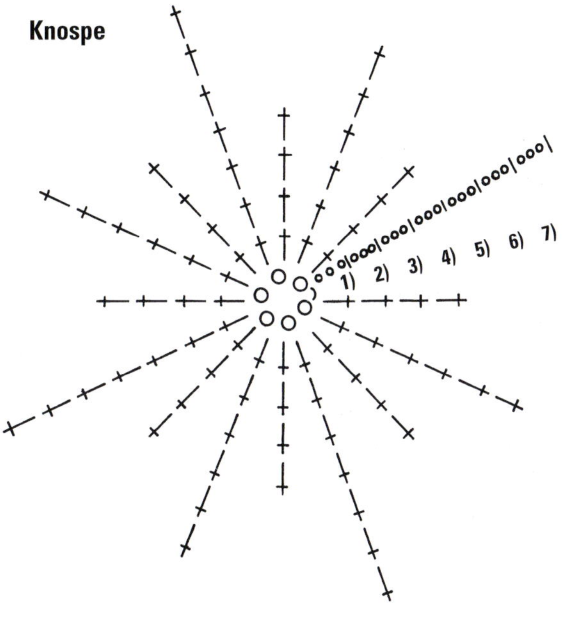

MATERIAL:
Baumwollgarn Coats Floretta
Farbnummern: 4400, 4413, 4423
Stärke: Nr. 10
Nadelstärke: Nr. 1

Die Ratschläge in diesem Buch sind von Autorin und Verlag sorgfältig erwogen und geprüft, dennoch kann eine Garantie nicht übernommen werden. Eine Haftung der Autorin bzw. des Verlages und seiner Beauftragten für Personen-, Sach- und Vermögensschäden ist ausgeschlossen.

Wir danken der Firma Coats für die Unterstützung bei diesem Buch.

Die Deutsche Bibliothek – CIP-Einheitsaufnahme
Ein Titeldatensatz für diese Publikation ist bei Der Deutschen Bibliothek erhältlich.

www.dornier-verlage.de
www.urania-ravensburger.de

4. Auflage November 2001

Der Urania Verlag ist ein Unternehmen der Verlagsgruppe Dornier.

Umschlaggestaltung: Behrend & Buchholz, Hamburg
Fotos: Sabine Münch, Berlin
Zeichnungen: Jana Holeschovsky
Lektorat: Eva Hauck
Satz: City Repro, Berlin
Druck: sachsendruck GmbH
Printed in Germany

Gedruckt auf alterungsbeständigem Papier mit chlorfrei gebleichtem Zellstoff.

Die Schreibweise entspricht den Regeln der neuen Rechtschreibung.

ISBN 3-332-01217-7

Как крахмалить вязаные крючком шляпы.

1/4 литра воды
250 гр. сахар. пудры.